ENSAYO · PSICOLOGÍA

Jaime Barylko (Buenos Aires, 1936-2002) fue un filósofo, educador y pensador argentino. Analista de la condición humana contemporánea, a través de un desarrollo lúcido y un estilo poético y particular, "pensaba y hacía pensar". Brindó en la última década una visión crítica y constructiva de la persona y la sociedad, la ética, la educación de los hijos, el rescate de la jerarquía de los valores como ejes temáticos centrales de la existencia.
Fue bien llamado "el filósofo de la gente" por su capacidad para expresar los grandes dilemas de la modernidad en un lenguaje claro y accesible. Doctor en filosofía, master en pedagogía, maestro desde muy temprana edad, dejó tras de sí una vasta obra de lectura permanente y de consulta indispensable. Entre sus obras podemos destacar *El aprendizaje de la libertad* (1987), *El miedo a los hijos* (1992), *Sabiduría de la vida* (1996), *La filosofía, una invitación a pensar* (1997) *Volver a casa* (Sudamericana, 2001), *La revolución educativa* (Sudamericana, 2002) y *Cómo criar hijos más o menos felices* (Sudamericana, 2004).

JAIME BARYLKO

FAMILIA
EL ARTE DE LA CONVIVENCIA

EDICIÓN AL CUIDADO DE
Lic. Jaia Barylko
Lic. Patricia Iacovone

DEBOLSILLO

Diseño de tapa: Juan Pablo Cambariere
Fotografía: Facundo Basavilbaso

Barylko, Jaime
Familia el arte de la convivencia. – 1ª ed. – Buenos Aires : Debolsillo, 2005.
176 p. ; 19x13 cm. – (Ensayo psicología)

ISBN 987-566-034-5

1. Ensayo. I. Título
CDD A864

Impreso en la Argentina

ISBN 987-566-034-5

Publicado por Editorial Sudamericana S.A.® bajo el sello Debolsillo

1. ACERCA DE LA FAMILIA

¿Para qué sirve hoy la institución llamada familia?

La familia siempre fue indispensable, pero en cada época por motivos y para fines distintos. Se trata de una institución a la que le es sustancialmente propio un estado de crisis, es decir, de cambio, ya que se modifica constantemente en consonancia con los cambios en la cultura, en la sociedad, en la jerarquía de los valores, en las necesidades.

En sus comienzos los hombres se agrupaban y establecían lazos de familia, en una casa, bajo un techo, para protegerse y luchar contra enemigos. También cumplía otra función, la económica: muchas manos, mancomunadas, dirigidas por un jefe, colaboraban para mejorar el sustento y garantizarlo.

Desde otro punto de vista, y en los avances de la civilización, hombre y mujer son convocados por Dios a ligarse sexualmente, ser una sola carne y tener hijos.

Estos conceptos se denominan en hebreo *bait*, que se traduce indistintamente por "casa", "grupo humano", "familia". Literalmente significa "construcción", pues familia es eso que *construimos* juntos. El que la completa es el *ben*, hijo "constructor" (*bat*, hija). Estos tres vocablos provienen de la misma raíz, *bnh*.

Es interesante constatar que el término familia se relaciona con la palabra que designaba a los siervos y esclavos que constituían la hacienda: las *famulae*. En la cultura bíblica y semítica, el término *mishpaja* alude exactamente a lo mismo, a los que trabajaban en esa casa colaborando en la gestación de los bienes.

Los tiempos avanzaron. Permanecieron los términos pero no las funciones.

La función religiosa se fue diluyendo. La económica ya no es necesaria: al contrario, es más económico vivir solo que con otro y tener hijos. También ha ganado espacio la función sexual reproductiva individual, que antes solamente podía cumplirse en matrimonio. Más aún, las relaciones humanas no necesitan ni de sacramento ni de registro civil para realizar sus intenciones.

¿Para qué, pues, sirve hoy esta institución llamada familia?

Para algo totalmente nuevo: para ser persona, para rescatar la dignidad de la existencia humana frente a otra persona. En la calle eres una hormiguita viajera más o menos productiva, y llena de miedo porque en cualquier momento te pisan y te dicen: "¡Fuera del sistema, no corrés más!".

¿Quién necesita familia? El que necesita ser necesitado. Vivir por alguien, para alguien, ante los ojos de alguien que te vuelva alguien.

No hay otra función para la familia que la de darnos el amor que nos rescata del anonimato.

¿Amor? Solamente en casa.

Volver a casa, al refugio entre tanta selva, tanto anonimato, tanta angustia de pasar, perder, dejar de ser, desaparecer.

¿De qué familia, de qué casa estamos hablando?

¿De qué casa estamos hablando? ¿De qué familia?

¿Qué es la familia, cómo se la define?

Todo esto me lo preguntó una señora en una escuela de la zona de Pacheco, después de una conferencia mía sobre los valores y la comunicación.

La miré.

—¿A qué se refiere? —le contesté.

—No, ¿a qué se refiere usted cuando dice familia, hogar o casa? ¿Cuál es el modelo? En mi casa somos mi esposo, yo y tres nenes, pero al lado, en otra casita, vive un matrimonio sin hijos, y me dijeron que no querían tener hijos. Y en esta escuela, en los grados de mis nenes, algunos viven con su padre, otros, con su madre, otros, con una mucama... ¿Son también familia?

La pregunta era ardua. Confieso que nunca me había puesto a pensar estrictamente en quién es y quién no es familia.

Le dije más o menos lo siguiente:

—Es cierto, no hay un modelo eterno de familia. Científicamente hablando, como todas las instituciones humanas, la familia pasó por diferentes períodos de transformación. No hay modelo. Nosotros construimos el modelo. Hoy nuestra necesidad es amar, ser amados, sostenernos en otros que nos sostienen, ser necesarios, ya que la incertidumbre está acosando al mundo, y tiemblan los cimientos morales.

Silencio de meditación. Dejé pensar y seguí reflexionando en voz alta:

—Necesitamos ser necesarios. Creo que nadie tiene el poder ni la autoridad para determinar qué es familia y cómo ha de estar constituida. Sí sabemos que su argamasa es el amor, y que amor es compromiso.

Me callé. Y se quedaron pensando, que es lo mejor que les podía —que me podía— pasar.

La pregunta me sirvió para estudiar el tema, leer al respecto, y reflexionar por cuenta propia. El resultado es el siguiente:

La familia es un grupo de gente con grados de parentesco, esposo, esposa, hijos, hermanos, padres, en relación de pertenencia. Se pertenecen unos a otros. Es relación de dependencia. Unos dependen de otros. Otrora era en lo económico, en lo religioso, en lo histórico. Hoy es en lo afectivo: la familia es un grupo que se necesita afectivamente para vivir. La relación se construye con otros elementos de interdependencia: cuidado, confianza, necesidad.

Familia

Decíamos que "familia" es un vocablo de origen latino, relacionado con la fámula, la sirvienta. En la Biblia se distingue entre la familia-empresa y el hogar, es decir, la relación íntima entre esposos e hijos. El hogar no era una red de libres relaciones afectivas, sino de órdenes y mandamientos y organización en la que uno estaba implicado y debía realizar.

El amor existía, claro que sí, porque donde hay seres humanos hay amor, ya que nadie puede impedir el flujo de esos sentimientos que la gente provoca en la gente. Pero era independiente de la familia, de la institución "padres", de la institución "hijos", y de la relación entre ambas.

Un hijo nacía para ser el hilo que conecta una generación con otra. *Filius* es el término latino, de donde sale "hijo" (véase en el castellano actual el término "filiación", por ejemplo) y deviene del griego *filo*, que significa amar, y se relaciona con *filum*, en latín nuevamente, que alude a "hilo".

Es el hijo, pues, el ser querido, amado, pero también es el hilo que continúa el orden de las generaciones dentro de un marco de historia, de futuro, de un proyecto de humanidad. El hilo que continúa la tradición de la familia, de la historia a la que la familia pertenece, la sociedad, el pueblo, la religión.

Es el que termina de construir la casa, el hogar.

El idioma de la Biblia para esa idea tiene *ab*, padre, y tiene *em*, madre. *Ab*, las letras lo revelan, está constituido por las dos primeras letras del abecedario. Es el que lo instruye. *Em*, de la misma raíz que amén. *Am*, mamá, también *mother* en inglés, *mutter* en alemán, *om* en el Oriente, aluden todos, con idéntico sonido, al misterio, a la fe, a lo cósmico y oceánico insondable.

Tres ejes: afecto, seguridad, compromiso

Volvemos a preguntarnos: ¿qué es una familia?, ¿cómo ha de ser para constituir un hogar, una casa, un refugio para el alma y para el ser personal?

Sabemos, digo yo, de la entretela, pero no de la tela.

Hay una esencia y hay accidentes. Esencia es aquello sin lo cual no hay familia posible, sean dos o siete sus miembros.

Esa esencia se compone de:

- *Afecto*: te quiero, me quieres, te necesito, me necesitas, nos necesitamos.

- *Seguridad*: contigo estoy seguro, tranquilo, podemos discutir y hasta tirarnos (metafóricamente hablando) de los pelos, pero este conflicto contigo vale la pena, porque quiero estar contigo, y nos comunica, porque estamos juntos pero somos distintos, y aunque discrepemos mañana te seguiré queriendo, queriendo verte, queriendo tu existencia en mi mundo.

- Un *compromiso* y una *reciprocidad responsable*: es la promesa de unos a otros. Nos prometemos cuidarnos, salir al encuentro del otro cuando te necesita, ayudarlo si está en las malas, ver al otro, registrarlo, e interferir en su vida si fuera necesario. Si como mamá y papá creemos que los compañeros y amigos de nuestro hijo no son deseables y pueden conducirlo, por así decir, al alcoholismo o la droga, nos jugamos enteros —cualquiera sea la edad— para evitar esas compañías. Eso se llama amor, eso se llama respeto.

Evitar que el otro se incendie, echarle una bolsa encima para apagarle el fuego, aunque mirado desde afuera podría decirse que es una agresión, una interferencia; pues bien, desde mi punto de vista, insisto: siempre que vea a los míos en situación de peligro, físico, psíquico, moral o espiritual, he de intervenir.

Como familia, conformamos un proyecto conjunto, donde cada cual tiene su vida: el marido, la esposa, los chicos.

Ella es maestra y tiene el hobby de las estampillas. Él trabaja en una inmobiliaria y le gusta ver en la tele partidos de tenis, y hacer asados afuera los domingos. Los hijos: el varón estudia en la primaria, es recatado, silencioso; la nena, en cambio, está en la secundaria, y los tiene a maltraer con sus modas, sus bailes, sus peinados, sus tatuajes.

Pero como grupo tenemos un proyecto conjunto.

Primero, el querernos, el estar juntos, el preocuparnos y ocuparnos, si es necesario, el uno por el otro.

Segundo, queremos eso que los antiguos denominaban felicidad y que yo prefiero llamar el estar bien, el estar contento, el tener momentos de alegría, porque el bien de cada uno les hace bien a los demás.

Aprender es estar abierto a lo nuevo

Decía J. Krishnamurti en *Principios del aprender*:

"Usted no puede seguir a nadie. En el momento en que sigue a alguien está haciendo de sí mismo un idiota y aquel a quien sigue también es un idiota, porque ambos han cesado de aprender".

Seguir. Este verbo que usa el pensador significa ceguera, entrega, automatismo. De esta manera no se aprende, se repite, nada más, y no se crece.

Cuando en un hogar, comenta el filósofo, cada uno quiere algo diferente y salir en otra dirección, ¿cómo hacemos para vivir juntos?

Krishnamurti se pregunta si, cuando uno dice "yo hago lo que quiero... ésa es mi naturaleza", sabe de qué está hablando; porque el "quiero" fue modelado por la sociedad, las influencias, de modo que es un "quiero" impuesto por los demás, al que yo le pongo el camuflaje de mi libertad.

¿Cuándo soy libre? ¿Cuándo quiero lo que realmente quiero?

"Uno sólo puede ser libre cuando ha comprendido lo profundamente condicionado que se encuentra. Entonces puede uno ser libre, entonces es natural."

Los padres y los hijos padecemos del mismo mal, de dar por voluntad propia y espontánea lo que en realidad es tomado de la moda, de las influencias. El "quiero" por el cual entramos en colisión, por lo tanto, merece ser revisado.

Cuando cada cual tome conciencia de dónde le viene, quién se lo impuso, tomará conciencia de su cárcel interior y podrá empezar a ser libre, y entonces sí que podremos configurar un quiero en común que nos permita convivir.

En el aprender me abro, reviso mi interior que opone, tal vez, resistencia a una nueva idea, una nueva apreciación, una nueva mirada, y me libero del peso de mi propia memoria estancada y salgo hacia lo imprevisible.

Aprender, pues, es aprender a liberarse de pesos que te dominan como santidades y te tienen maniatado.

Aprender es ponerse en duda. A partir de ahí, la vida puede ser una aventura donde nada se repite.

¿Cómo se hace una familia?

La familia, hay que reconocerlo, entró en crisis. Algo no anda bien en casa, en las relaciones humanas más íntimas, más profundas. Queremos querernos y no sabemos cómo hacerlo. Y eso nos enfurece.

Es que la receta que pusimos en práctica no es buena. Nos dijeron entenderse, hablarse, comprenderse, expresarse, ser uno mismo, y resulta que cada uno mismo no tolera al otro mismo.

Habrá que cambiar de receta.

Porque queremos querernos, justamente. Porque necesitamos querernos, justamente. Habrá que revisar qué estamos haciendo mal. No nos enseñaron a sacrificar el egoísmo; no nos dijeron —se olvidaron, simplemente— que, para ser libre, y para libremente conectarse con el otro, hay que esforzarse mucho, pero mucho mucho.

El momento excepcional, como ser el destello del amor, la pérdida irreparable, el nacimiento de un hijo, el encuentro con la belleza deslumbrante del bosque de arrayanes en la Isla Victoria, cuando se da ese momento, es milagroso.

Así capto yo el milagro, como lo excepcional dentro de la normalidad de la existencia. Nuestro encuentro, nuestro beso... "la blanca sombra del amor primero".

El individualismo quiere solamente excepcionalidad, y eso no es posible, y no es un buen programa.

Lo maravilloso o milagroso sale a nuestro encuentro, no se programa.

Kairós es, al decir de Rilke, una hora diferente de todas sus hermanas.

Pero para acceder a lo maravilloso individual se necesita vivir en el afecto, en la seguridad, en la relación de la certidumbre, en el hogar. El tiempo de todos los días, de todas las horas debe ligarnos, y ése es el que debemos aprender a vivir. Los dos modos de ser del tiempo indican dos modos de nuestro propio ser: el de la rutina y el de la excepcionalidad.

Una familia, ¿cómo se hace?

Una familia se construye con rutinas compartidas, con rituales, con ceremonias.

Hemos peleado y combatido tanto el autoritarismo de los tiempos idos que, como dicen en el Norte, con el agua del baño se nos fue también el nene. De mi propia adolescencia recuerdo mis rebeldías, mis grandes debates y combates interiores, los diálogos con los compañeros:

—¿Por qué tenemos que cuidar estas formalidades que la sociedad, estúpidamente, impone?

—¿Por qué tengo que descansar —yo, el judío,

el sábado; tú, el cristiano, el domingo— el día de la semana que otros han determinado? ¿Cómo es esto? ¿Por qué no puedo descansar yo en función de mi trabajo, de mis fatigas, cuando a mi persona se le ocurre?

—¿Por qué tener que soportar esas tediosas mesas familiares, en las fiestas, con esa liturgia antiquísima, de dos o tres mil años atrás cuando mis antepasados salieron de Egipto, donde eran esclavos? ¿Esa cosa llamada Pascua, que para ti, amigo, en la misma fecha significa la memoria de Jesús y sus padecimientos? ¿Por qué? ¿Qué sentido tiene?

Y peleábamos contra el Teatro Colón que nos hacía ir con saco y corbata. Y luchábamos contra esas tradiciones que nos tenían atados. Sí, claro que recuerdo esos días, esas noches de diálogo furioso, de guerra espiritual.

Después nos casamos y nos fuimos liberando de esos yugos. Y nos dimos cuenta de los nuevos yugos que cargábamos y que habíamos internalizado, los yugos producidos por la moda, la publicidad, el orden de los otros, la rutina de los demás.

El hogar, un lugar para el alma

Keyserling sostiene que no es el intelecto lo más humano del hombre.

Ante todo, dice, porque no todos descuellan por su razón o por su inteligencia.

Lo propiamente humano, dice, es el alma. Es decir el sentimiento.

"Tal es la sola razón por la cual la enseñanza de Jesús pudo hacer época: al elevar el amor a la categoría de virtud cardinal y hacer depender de esta virtud la salvación del alma, Jesús fue en verdad el primer pionero consciente del sentimiento de la humanidad."

Alma es intimidad, alma es emoción, alma es ser por otro, para otro, con otro y desde otro.

El intelecto hace crecer el individualismo. En el polo opuesto está la pérdida de identidad en el colectivismo o en la sociedad de masas.

La institución intermedia, que hace ser al ser y le da fuerza e identidad, es la familia, el hogar, el que da calor al alma y le facilita el crecimiento.

No hay que amar a la humanidad, dice Keyserling. Quienes así lo predicaron fueron "seres fríos y duros, sin excepción. En cambio, el mayor genio de amor que nunca hubiera en Occidente nos mandó amar a nuestro prójimo. El hecho es que no podemos amar más que a nuestro prójimo".

Lo enseñó Moisés. Los evangelios lo ratifican. ¿Por qué el prójimo?

El prójimo es el próximo, tu hijo, tu hermano, tu madre, tu vecino.

Debemos aprender —¡y cuánto cuesta!— que no son las ideas las que nos unen, sino los sentimientos, la solidaridad en la conducta, el estar en torno a una mesa, o en torno a una fe.

La familia es el gran crisol para decantar odios de amores, resentimientos de responsabilidades, el ser y el deber ser.

Respeto

Enseñaba Ortega y Gasset: "¡Trámites, normas, cortesía, usos intermediarios, justicia, razón! ¿Quién vino a inventar todo esto, crear tanta complicación?

"Se trata con todo ello de hacer posible la ciudad, la comunidad, la convivencia... Civilización es, antes que nada, voluntad de convivencia".

En esa voluntad de convivencia, el "yo soy como soy" debe encuadrarse en el "nosotros somos así y queremos vivir así y no de otra forma". En consecuencia, es imprescindible adaptarse a la convención social. Eso significa ser civilizado.

Se llega al respeto al otro a través del respeto a la norma. Sin normas es imposible la existencia del ser humano con sus pares. Es tu derecho de ser vos mismo, y es tu deber reconocer que también el otro es él mismo.

En un mundo comunicado los deberes, que son las normas, y los valores son la trama de nuestra existencia. El amor debe canalizarse en normas de acción, de cuidado, de conciencia de que el otro no es solamente objeto de mi amor sino también sujeto del suyo. Las normas son los cimientos de lo humano, ya que modelan el mundo que podemos compartir. Arman la cultura de la que provenimos y en la que estamos, la sociedad que tiene historia y tiene proyecto de futuro.

El hogar, tu casa, ha de ser un laboratorio de respeto. Porque de amor, a veces, estamos llenos, pero de respeto... Es conducta, comportamiento. En casa, entre nosotros, deberíamos ejercitarlo. Si no ensayamos en casa, ¿cómo saldremos a la calle? Sólo en casa somos iguales y los iguales se respetan.

¿Qué encontraremos en casa al volver a ella?

Volver a casa no es volver a cualquier casa, sino a tu casa, que tiene ese olorcito de estar juntos en alguna ceremonia.

Lo humano se canaliza siempre a través de ceremonias. Uno, por más liberado que sea, por más color verde y amarillo que gaste en el pelo erizado, tatuajes en los hombros y pantalones rotos en la rodilla, por más de avanzada que sea, uno cuando quiere conquistar a una chica no le hace gestos con el dedo o le tira una piedra, y ella, en consecuencia, viene corriendo y te abraza. Tal vez en el futuro esa sea una ceremonia. Todavía no lo es. Todavía se usa el lenguaje, ciertas frases hechas, que no serán las de mis abuelos, ni las mías ("yo te conozco de algún lado, ¿no?", ¡esa fórmula tenía un éxito devastador!), pero frases son.

Es una ceremonia, una manera de comunicarse con el otro.

Y si a muchos jóvenes no les va muy bien hoy es porque en materia de sexualidad serán absolutamente geniales por todo lo que se tienen sabido, y ya experimentado también, pero en materia de ceremonias... fueron dejados huérfanos, y no saben si al día siguiente deben hablarse por teléfono, ni quién ha de tomar la iniciativa.

Nos faltan las ceremonias; a reponerlas con urgencia

Los que inventaron el desayuno, el almuerzo, la cena, debo reconocerlo, fueron unos iluminados.

¿Acaso inventaron la comida? No, por cierto que no. Si querés comer, lo hacés, y si no a otra cosa. Y si querés comer, decime, por qué tenés que hacerlo con el otro, justo a la mañana, cuando uno está malhumorado simplemente porque es la mañana, y hay que ir al trabajo, y te duele la nuca, y querés leer el diario, justo entonces hay que sentarse con otros a la mesa, con el cónyuge, con los nenes que te vuelven loco de entrada.

¿Te parece inteligente?

Y sí, es muy inteligente. Hay que empezar el día con una ceremonia. Desayunar, aunque no comas ni tomes nada, es una ceremonia. Y toda ceremonia, en casa y en la iglesia, tiene una sola finalidad: estar juntos. Compartir. Consagrarnos, hacernos sentir que nos pertenecemos recíprocamente.

En el tiempo de lo excepcional, uno encuentra la maravilla, solo, a cualquier hora, en cualquier lugar, en ocasión imprevista. Es el tiempo del sujeto, de cada uno de nosotros como individuo, hacia su interior.

El tiempo del Cronos, el que se repite, es el de la ceremonia, el de nosotros en familia, nosotros en hogar, nosotros en compromiso.

Para los romanos el llamado hogar era, estrictamente, un hueco, un rincón de la casa donde se encendía un fuego (*focus, fogar*, hogar), un rincón de culto religioso a los dioses que protegían esa familia. Para nosotros es el mismo fuego para protegernos nosotros, para identificarnos nosotros.

Por eso es importante el desayuno. Y lo era también el almuerzo que, lamentablemente, los órdenes globalizados están haciendo desaparecer. Voy por las calles y veo gente comiendo, apiñados unos al lado de otros, parados, devorando sándwiches, y me da tristeza. ¡Cómo hemos deteriorado las cosas lindas de la vida!

Comer ha de ser un placer, no el de la comida en sí, sino el de la ceremonia, el de la mesa, el mantel, la gente, la palabra humana, el reposo, el diálogo, el disenso, pero juntos.

Y sin televisión, si fuera posible

Pero nos quedan algunas cenas, nos quedan los fines de semana. Debemos, cada familia a su manera, practicar liturgias, actos para nosotros sensibles, emotivos, de deber ser. Y sin televisión, si fuera posible.

Intentemos, sé que es mucho pedir, pero intentemos que en nuestras fiestas —y estar juntos comiendo es una fiesta— no haya mediadores.

No ataco a la televisión, como no ataco al teléfono celular. Brindan un servicio fantástico. Usted no se imagina la cantidad de horas que yo personalmente dedico a mirar televisión. Hay programas de música, películas clásicas, y también el canal de moda me gusta mucho, porque me permite ver el cambio de los tiempos, y mientras las chicas desfilan, yo filosofo.

Pero, consulté a grandes pensadores al respecto, está permitido apagarlos de vez en cuando. De vez en cuando es terapéutico que no nos hablen desde la pantalla, para que estemos forzados a decir algo nosotros, y por ahí decimos algo interesante, y hasta original.

Si el nene, o la nena o el muchacho que hace *gym* y tiene aspecto de montaña se rebelan y dicen:

—No tengo hambre, voy a comer más tarde, me voy a ver tele...

Ustedes, dulcemente, lo cargan a mi cuenta y le dicen:

—Cariño, fijate que no estamos juntos para comer...

A lo cual el aludido con todo respeto responderá:

—¿Ah... no? ¿Qué problema hay?

Usted, sin ponerse frenético, le dirá:

—Sentate, que te explico. Mirá: comemos juntos no por el comer sino por el compartir, porque nos vemos poco, porque cada cual dispara para otro lado, y de vez en cuando necesitamos estar juntos...

—Sí, pero justo ahora que...

—Grabalo, querido, y aprendé que esto no es un hotel, es una familia, es una casa, un hogar.

El éxito va a ser total, se lo aseguro...

¿Qué es familia?

La familia del futuro, si quiere ser familia, tendrá que repensar el abandono y la fácil permisividad en los que caímos las últimas generaciones y que tanto mal nos hicieron, como pareja, como padres, y finalmente como hijos.

Hay que preguntarse cómo lo haremos.

Yo respondo:

—Haciéndolo.

—No te entiendo —me dijo mi amigo Nikos, con quien comemos siempre en la costanera gracias a su cordial invitación y más cordial bolsillo, en estos tiempos críticos, usted me entiende...

—Haciéndolo, Nikos —insistí—, haciéndolo.

—Pero —me dijo— ¿no estarás siendo muy profundo, Jaime? Porque la única forma de hacer algo es haciéndolo, creo, en fin... —ironizó, y bajó la ironía con gotas de un vino seleccionado.

—Te parecerá extraño, Nikos, pero hay gente —y fue una punzada para él, porque a un buen amigo hay que punzarlo para que despierte y piense, como hacía Sócrates con los atenienses— que confunde hacer con sentir, con hablar, con imaginar.

No, Nikos, hacer es pensar primero.

Bien sé que hablar hoy en día de esfuerzo, trabajo, disciplina, orden, exigencia no suena simpático. Empero, no hay otra.

Uno pretende para sus hijos lo mejor. Quiere que aprendan bien las matemáticas, la geografía, la historia, el castellano, la computación. Que rindan. Que se reciban. Y hacerles una fiesta.

Y bien, hay que controlarse, controlar las irrupciones irracionales de creer que los hijos deben volar libremente. ¡Ni las mariposas ni los pájaros vuelan libremente!

Eso se lo dije a Nikos, y casi se atraganta con un huesito de pollo que andaba por ahí.

—¿De qué estás hablando? ¿Ahora ya nadie es libre? —me rugió, exasperado—. ¡*Liberté, égalité, fraternité*! —citó en pulcro francés los principios de la Revolución Francesa.

—No, lo lamento por vos, Nikos, y por tu distorsionada comprensión del término libertad.

—¿Por qué distorsionada? —gritó, y se calmó con otro trago de vino.

—Porque, caro amigo, en lo humano nada nace. Todo Se Hace —lo dije con la boca bien abierta para que oyera las mayúsculas—. Y la libertad también. Como las mariposas y los pájaros ya nacen hechos, no pueden ser libres.

Lo remarqué como rematando un set de ping-pong (al tenis nunca llegué, ¡pobre de mí!) o un rotundo jaque mate. Nosotros no estamos marcados por dentro, por eso necesitamos que se nos indiquen las pautas, la señalización del camino, por fuera. El que va a la escuela o va a un centro de estudios para aprender tiene que tener un método, según enseñaban los griegos. El término, justamente, es griego, y significa camino, vía, ruta. Es decir, disciplina. Trabajo, compromiso, acción de reciprocidad.

El amor es eso, conduce a eso, proviene de eso.

—El resto es verso, Nikos —le expliqué.

Pero él estaba muy fatigado porque ese vino lo tenía casi adormecido, de modo que abandonó el campo de batalla dialéctico.

Lo grandioso de lo humano es que somos todos diferentes, y eso también nos exige, nos obliga a vivir pensando, eligiendo, conociendo, para saber quién eres, para que sepas quién soy, y una vez que sabes, no sabes nada, porque puesto que somos humanos, somos cambiantes. Solamente las cosas, esta computadora que registra mis pensamientos, por ejemplo, son definitivamente lo que son, desde que salen de fábrica.

Amarnos, pues, es en principio respetarnos en la movilidad de nuestros infinitos rostros. Pero no puedo contar con que mis pensamientos sean los mismos, ya que estoy en perpetuo cambio, porque soy persona, porque existo. Pienso, por lo tanto existo, enseñó Descartes. Es decir: porque existo, voy cambiando, y eso me obliga a pensar constantemente.

2. APRENDIENDO A CONVIVIR

Para vivir juntos, ¿qué se necesita?

La única manera de vivir juntos sería sacrificar algo de la voluntad particular de cada cual y establecer, entre nosotros, una voluntad general.

Cuando elijo, sacrifico. Cuando elijo, soy libre. Para ser libre, pues, he de elegir, y para elegir, he de recortar sectores de mi libertad y dejarlos fuera del perímetro de esta relación que elijo.

Ser libre es elegir la dependencia que más feliz te hace. Y luego revisarla, confirmarla o rectificarla. Es decir, volver a elegir. Así eternamente.

Si no quiero esa dependencia, no quiero quererte, y más vale que lo sepa.

Quiero estar enfrentado y confrontado con los demás. Es mi derecho, claro está, pero es derecho a la soledad y a un mundo en guerra. Para eso estamos hechos.

Un pensador estadounidense, Allan Bloom, escribe en *El cierre de la mente moderna*: "El divorcio en América es la indicación más palpable de que las personas no están hechas para vivir juntas y, aunque desean y necesitan crear una voluntad general a partir de las voluntades particulares, esas voluntades particulares se reafirman constantemente en sí mismas".

Eso es hablar claro. Repito las palabras de Bloom: no estamos hechos para vivir juntos. Lo hacemos, aparentemente, ya que eso significa casarse, unirse, formar pareja. Sin embargo, recaemos en la voluntad particular, y ahí es donde dejamos de compartir el mismo barco. Estamos, entonces, en botes separados.

Para pensar, para pensar. Las relaciones familiares, brevemente dicho, están disueltas en la misma familia que se conserva unida.

El libreto se arrojó por la borda, y los sentimientos, por más puros y profundos que sean, no dejan de ser particulares, subjetivos, y no comunican a la gente a menos que se realicen en conductas vinculantes, normativas. El hombre quiere querer, pero no quiere someterse a la ley de la comunicación humana, que es la vivencia y la vida en códigos, en normas compartidos, es decir, atamientos, compromisos.

El amor es la decisión de tomar aquello para lo que estamos hechos, el estado de guerra, y transformarlo, mutarlo en aquello que yo invento, creo, deseo, y que es, precisamente, lo que no tengo y que nadie me puede regalar.

El hombre actual, malcriado en su egoísmo y en su individualismo, quiere conservar toda la torta del sí mismo y comerse toda la torta del otro mismo.

Y no va, por supuesto. Lo que va es el divorcio. Pero nada se rompe.

Lo que jamás estuvo unido no se rompe, simplemente se desliga, se desarma.

Bloom lo explica así: "Porque todo el mundo se ama a sí mismo más de lo que ama a nadie, pero quiere que los demás le amen a él más de lo que se aman a sí mismos.

"Ésta es en particular la exigencia de los hijos contra la cual ahora se están rebelando los padres".

Y la exigencia de la pareja. ¿Qué habría que perder, qué abandonar, para no seguir perdiendo? Nadie, después de todo, se divorcia con papel picado y burbujas de euforia. La tristeza avanza. Algo no anda bien. ¿Qué es lo que sobra para que tanto nos falte?

Ante todo, reglas

El exceso de caricia puede ser tan dañino como la sádica burla que suena a látigo de carcelero.

Discrepar es ayudar a pensar. Desacordar es la mejor manera de expresar que te veo, que te quiero y, por tanto, no te digo lo que pienso, sino lo que pienso que puede hacerte pensar.

Honestidad, se necesita. Un mensaje honesto es

el que vale. Un mensaje envuelto en caramelos y moños puede, en el fondo, dejar huellas sangrantes.

Honestidad y pensamiento.

Dije *honestidad*, no dije espontaneidad. Me cansé de la espontaneidad de todo el mundo. El pensamiento es todo lo contrario de lo espontáneo; frena lo espontáneo, reflexiona, mide consecuencias, y luego se expresa. Ello no impide que sea honesto, auténtico, realmente de uno mismo. Solamente uno mismo, padre, madre, puede criar otro uno mismo.

Dice Paul Diel: "Incapaces de dosificar elogios y reproches, los utilizan como medios de presión para uncir al niño al trabajo y apartarlo del juego".

Eso es engaño, mentira. La voz tierna y el gesto angelical para inducir al hijo a cumplir la tarea de bañarse ensucian el alma del niño. Primero es el chantaje de los padres a los hijos, que luego se vuelve de los hijos a los padres.

Los límites facilitan la convivencia

Los límites son reglas de convivencia. A menudo los jóvenes dicen que les falta comunicación con los padres, y dicen bien. ¿Cómo se van a comunicar si nunca están debidamente juntos?

Debidamente quiere decir, en este caso, en horarios compartidos, en situaciones compartidas. Estando juntos, en una de ésas hablamos, y si hablamos, tal vez nos comunicamos. Incluso puede ser que discutamos. La discusión de un tema es sumamente comunicativa.

Por otra parte, si cuando estamos en casa, descansando, disfrutando del tiempo libre, vos te sentás frente a la computadora y yo me voy al living y prendo la televisión, se nos hará difícil disfrutar de lo que escuchamos, y mucho más aún convivir.

Para discutir entre nosotros ideas, tenemos que compartir una serie de modales.

En nuestro tiempo este tema de los modales fue considerado como totalmente arbitrario, absurdo; se dejó, a menudo, crecer a los jovencitos en un caos de manifestaciones personales, mientras toda la dedicación se cargó sobre su mundo intelectual o sobre su problemática psicológica.

Los buenos modales ¿para qué sirven?

Interesante es descubrir a esta revolucionaria de la educación, del enfoque sobre el niño, la doctora María Montessori, que entendía que los buenos modales, las buenas costumbres, la manera de relacionarse debidamente con el prójimo son elementos fundamentales en el crecimiento de la persona.

Desde temprano el niño debe ser educado en este orden, que también es el orden de la manera de relacionarse con el otro y que se manifiesta en los modales. Los modales no son un fin en sí, son un medio, una especie —decía Montessori— de aceite que contribuye al funcionamiento suave de la maquinaria social.

Los modales, las buenas formas, las buenas maneras, que parecen ser temas de María Castaña, hoy vuelven al tapete por su total ausencia. Ocurre que si no te enseñan modales, no eres capaz de inventártelos solo. Simplemente porque los modales no dependen de tu creatividad subjetiva.

Los modales son siempre ajenos, por cierto.

Son siempre banales, es cierto.

Son siempre superficiales, también es cierto.

Por ello precisamente son valiosos, porque no requieren de ninguna profundidad, ni comprensión ni estudio, por eso mismo surgen en las primeras etapas de la vida como mediadores en las rutinas de la existencia (dar la mano, plegar la servilleta, un beso en la mejilla, la ropa limpia, el cabello aseado, saludar al que se despide y se va, sonreír a los amigos).

Nadie piensa erigirle un monumento al semáforo ni al inventor del semáforo. Es totalmente intrascendente. Pero cuando faltan los semáforos, uno tiene cierta sensación de vacío, de peligro, un sentimiento de cierta zozobra, cómo hago para cruzar la calle.

Así son los modales, las buenas formas conectivas. Son, justamente, para que no tengamos que inventar qué te digo cuando te encuentro.

El cuento del que encuentra una billetera en la calle

Ésta fue la prueba que realizó un maestro en Galitzia, en la lejana Europa de tiempos pasados.

Un día reunió a sus alumnos y les dijo:

—Quiero plantearles un problema, y quiero que reflexionen. Si ustedes van caminando por la calle y encuentran una cartera con dinero, ¿qué harían?

Los discípulos permanecieron callados, no respondieron.

—Dime tú, Isaac —ordenó el maestro.

Isaac lo miró, perplejo, demoró la respuesta y finalmente expresó:

—Maestro, yo... usted sabe que mi joven esposa es enferma, y necesito constantemente llevarla a médicos y comprarle remedios. Yo, maestro, yo... —titubeaba, no se atrevía—... yo tomaría el dinero y lo dedicaría a su salud.

—No, no me gusta tu respuesta, Isaac, no es correcta —anunció el maestro y lo despidió.

Luego el maestro se dirigió a Abraham, para que manifestara su idea.

Abraham habló con voz decidida, firme, segura:

—Maestro, yo tomaría la cartera con el dinero y la entregaría a las autoridades.

El maestro meneó la cabeza, se acarició la barba meditativamente y luego dijo:

—No está mal, no está mal, pero tampoco has

dicho nada especialmente sabio. Veamos qué opina Jazkel.

Jazkel era un individuo de rostro enjuto, ojos tristes, apocado.

—¿Yo? ¿Qué opino yo? ¿Qué puedo opinar? Le diré, maestro. Debemos aplicar la enseñanza que diariamente recibimos de usted. ¿Qué nos enseña? Nos enseña que en el hombre habitan la tendencia al bien y la tendencia al mal. Que estas tendencias luchan incesantemente entre sí. Que a veces vence una, y que otras veces vence la otra. Entonces, yo, ¿cómo puedo saber ahora qué tendencia vencerá en mí el día en que encuentre la cartera con dinero? ¿Qué sabe uno de sí mismo?

"No fue mi intención..."

El fin de la educación no es transmitir qué debes pensar, sino qué debes hacer y cómo has de encarar tu conducta.

Esta historia llevada al cotidiano vivir nos hace reflexionar sobre lo poco que uno sabe acerca de sus reacciones hasta dada la situación. Cotejar el quiero con el puedo, el hago con las consecuencias del hacer, debería ser un ejercicio permanente.

Si te preguntan:

—¿Por qué rompiste el vidrio?

No contestes:

—En realidad no quise romperlo, arrojé una piedra y el viento la desvió hacia el vidrio y no sé cómo se rompió.

A eso te objetarían:

—No, estimado amigo, no se te ha preguntado qué quisiste hacer. Se te ha señalado lo hecho. Y no digas que el vidrio se rompió contra tu voluntad. Tu voluntad es un misterio. El vidrio no se rompió, la piedra arrojada lo rompió. Acéptalo.

De aquí en adelante ten cuidado, y más vale que no arrojes piedras graciosas y de buena voluntad.

Nuestro mundo actual es excesivamente palabrero

El mundo actual es muy palabrero, excesivamente hablador y explicador, y da vueltas y vueltas en las interpretaciones de los hechos.

Creo que debemos recuperar la brújula para educarnos y educar a nuestros hijos en la responsabilidad.

—¿Lo hiciste o no lo hiciste?

—Es que yo no quería...

Ese diálogo debe, en principio, ser descartado porque conduce al caos.

No es que pretenda yo quitarle a nadie el derecho a la palabra, sino que considero indispensable retomar el ordenamiento lógico de las vivencias. Primero consideremos los hechos, lo que tenemos a la vista. Luego, las causas, las interpretaciones, los motivos, los errores, los querías o no querías, aquello que hay detrás o al costado de los hechos.

Se me ocurre que viviríamos mejor. Es lo que deseamos todos, para nosotros, para nuestra familia y para nuestros hijos, vivir mejor.

Con la voluntad y la declaración no basta. Hay que reaprender a vivir desde la responsabilidad.

Los antiguos decían: *"Primum vivere, deinde philosophare"*. Primero vivir, luego filosofar. Primero la responsabilidad frente a los datos evidentes, luego la discusión filosófica de cómo fue, de cómo podría ser, del inconsciente que presiona al consciente y...

Primero vivir. Y, mejor todavía, vivir mejor.

Cada uno no puede inventar su propia regla

Cada uno, he aquí el punto, el eje de la rebeldía inútil, no puede inventar su propia regla. O mejor dicho, sí puede hacerlo, claro está, pero si vive solo, solo en su casa, solo en la calle, sin otra gente, solo en el mundo, como único habitante. No bien está con otro, ya necesita de alguna regla común, que es el límite para el invento personal y privado.

¿Y lo privado? ¿Dónde resta lo privado? ¿Lo anulamos? ¿Qué hacemos con el yo mismo? ¿Lo arrojamos al cesto de los desechos?

Para nada. Está siempre ahí, intocable, puro, inasequible, incomunicable y, por tanto, es allí donde la rebeldía individual cobra su capacidad de ser plenamente lo que es. Lo privado-privado es el uno mismo, que es para sí mismo y para nadie más, el núcleo profundo de la personalidad.

Dice D.W. Winnicott en su libro *Los procesos de maduración y el ambiente facilitador*: "En estado de salud, hay un núcleo de la personalidad que corresponde al verdadero yo. Sugiero que este núcleo nunca se comunica con el mundo de los objetos percibidos y que la persona individual sabe que ese núcleo nunca puede comunicarse con la realidad externa o ser influido por ella. Aunque las personas sanas se comunican, se complacen en hacerlo, hay otro hecho igualmente cierto, a saber, que cada individuo es algo aislado, permanentemente no-comunicado, permanentemente desconocido, en realidad, no descubierto".

Sugiere el psicólogo que el individuo procura, desde temprano, desde el nacimiento —para decirlo más claro—, defender ese núcleo de las injerencias exteriores, y entonces lo oculta más y más.

El problema, considera Winnicott, consiste en la siguiente pregunta: "¿Cómo así aislarse sin tener que insulizarse?".

Ése es el tema.

El núcleo incomunicable ha de permanecer aislado. Pero no es lo mismo el aislamiento que el volverse ínsula, isla separada de todos los demás, porque entonces la estructura de lo humano, que es estructura social, se quiebra, se enferma.

Es válida esta distinción para los tiempos actuales.

Tanto individualismo ha conducido, en nombre del uno mismo, a la insulización de las personas, y su total despreocupación por los demás.

La incomunicación del núcleo se transfiere a la incomunicación total por la incapacidad de compartir límites, reglas, ética, es decir, mundo.

Si algo que no sea yo, que no sea tú, no nos contiene, no podemos relacionarnos.

Así de sencillo. Así de difícil.

Vivir es vincularse y desvincularse, constantemente

Dos, digamos, son los grandes procesos del crecimiento:

- Formar vínculos, aceptar deberes, internalizar normas.
- Deshacer vínculos, revisar principios, rehacer vínculos.

H. A. Murena, en el libro *La cárcel de la mente*, opina:

"Todos los seres normales practican en su adolescencia una desobediencia demoníaca que constituye el asesinato psicológico de sus padres. Necesitan seccionar el cordón umbilical que los ata a ese pasado frustrador, pues la vida es invención y no puede dejarse guiar por la experiencia, por ese pasado con que los padres anonadarían todo impulso".

Seccionar el cordón umbilical. Pero en sí no es una meta; es un medio, una vía para alcanzar proyectos personales.

El mal del siglo XX fue que se predicó exclusivamente la ruptura con los padres, y no se dijo que toda ruptura tiene sentido en la medida en que es apoyo para una nueva conexión, un futuro compromiso.

La democracia de las emociones

Hace tiempo que se viene hablando de la inteligencia emocional. En realidad, estas ideas retornan a la antigua filosofía griega y al ideal del justo medio, del equilibrio entre quiero y debo.

Me gusta más el concepto de democracia de las emociones. Ésa es una expresión que aparece en el libro *Un mundo desbocado*, de Anthony Giddens.

Antes, al menos en apariencia, el mundo parecía tener una orientación, ir hacia algún lado, había ideas, había ideologías.

Hoy está desbocado. Como ese carro del que hablaba Platón en el *Fedro*, tirado por tres corceles que, cada uno por su parte, deseaba otro rumbo.

El mundo ha perdido su rumbo. ¿Qué queda de todos esos valores que fueron, y luego se desmembraron en la cruda realidad?

Según Giddens, la democracia. Pero dentro de ese esquema nos habla de una democracia muy particular, la democracia de las emociones.

"Una democracia de las emociones, estimo, es tan importante como la democracia pública para mejorar la calidad de nuestras vidas. Esto vale para las relaciones padre-hijo, igual para otros ámbitos. Éstos no pueden ni deben ser materialmente iguales. Los padres deben tener auto sobre los niños, en interés de todos. Pero debería sumir una igualdad como principio. En una familia democrática, la autoridad de los padres debería estar dada en un contrato implícito."

El concepto "democracia" implica la igualdad, pero hay igualdad de derechos, que son exteriores, y otra igualdad de respetos en el campo de las emociones, en las relaciones personales, en el cara a cara que Giddens señala en los hogares.

En una democracia los niños pueden y deben ser capaces de "una democracia de las emociones, no de disciplina o ausencia de respeto."

Ni disciplina autoritaria que va de mayor a menor, ni falta de respeto que va, sobre todo, de menor a mayor.

Contra la discriminación

Democracia significa un estado donde no hay discriminaciones.

Una aclaración: "discriminar" es buena palabra y de noble origen, ya que se reparte en dis-cri-minar. El comienzo significa, literalmente, captar la diferencia (dis-tinto; di-ferencia) entre entes o situaciones, cosa que da lugar a la inteligencia, al cri-terio y a la crí-tica.

Una cosa es ser diferente. Otra, que la diferencia me haga superior a otro.

Ésta —seres superiores versus seres inferiores— es la discriminación en sentido negativo, porque no practica una crítica de la distinción, sino la humillación de unos a favor de la superioridad de otros.

El mejor alumno en clase no es igual, en términos de alcances de aprendizaje, al peor alumno. Puede ser superior a él en calificaciones, pero no es superior a él como persona ni sus notas le dan derecho a ninguna superioridad en la vida emotiva.

Al respecto comenta Giddens:

"Una democracia de las emociones no haría distinciones, por principio, entre relaciones heterosexuales y homosexuales. Los gays, más que los heterosexuales, han sido pioneros en el descubrimiento del nuevo mundo de las relaciones y en explorar sus posibilidades. Han tenido que serlo, porque cuando la homosexualidad salió del armario los gays no podían depender de los apoyos corrientes del matrimonio tradicional. Hablar de fomentar una democracia emocional no implica debilidad respecto a los deberes familiares, ni sobre las políticas públicas hacia la familia".

Cuando hablamos de democracia pensamos, ante todo, en los derechos. Y a veces nos quedamos únicamente con ese concepto como definición. Craso error. Hemos educado para los derechos y nos olvidamos de educar en el otro polo, sin el cual los derechos nada valen. Porque derecho significa responsabilidad, por ese derecho que estás ejerciendo.

Nos olvidamos de las obligaciones.

Derechos. Y obligaciones también

Nos sigue diciendo Giddens: "Democracia significa aceptación de obligaciones, además de derechos protegidos en la ley. La protección de los niños tiene que ser el rasgo primario de la legislación y la acción pública. Debería obligarse legalmente a los padres a mantener a sus hijos hasta la edad adulta, independientemente de cómo decidan vivir. El matrimonio ya no es una institución económica, pero como compromiso ritual puede ayudar a estabilizar relaciones".

La familia, ahora, es una relación de compromisos. La educación de los niños es la mayor obligación de sus padres, y hasta la edad adulta, dice el autor que comentamos, y yo lo refrendo.

Mucha gente dirá que la familia ha cambiado, que la pareja actual se maneja con mayor libertad y los hijos, con mayor capacidad de reacción.

Pero no modifica la esencia, como dice Giddens: "No es cuestión de si las formas existentes de familia tradicional se modificarán, sino de cuándo y cómo".

Cuenta el autor: "Me acuerdo de lo que mi tía abuela me dijo una vez. Debió de tener uno de los matrimonios más largos conocidos: estuvo con su marido más de sesenta años. Una vez me confesó que había sido profundamente infeliz con él la mayor parte del tiempo. En su época no había escapatoria".

Hace rato que el cambio se viene produciendo, pero falta saber adónde conduce, y cómo conduce, si en armonía de corceles o en mecanismo de marcha desbocada.

La idealización de la familia pasada puede ser una errónea perspectiva.

Dos tipos de inteligencia

Hay dos inteligencias, una para resolver teoremas de física, otra para... vivir.

La primera abunda, se localiza, uno la puede señalar, y tomarle exámenes.

La segunda es la que falta, la que más desaparecida está en el mercado, y es la más preciada. Es la inteligencia vital para la convivencia exitosa.

La inteligencia instrumental o utilitaria, la que procura títulos y permite escalar posiciones en la sociedad, y obtener éxitos en la oficina, en la carrera económica, en el mundo de los negocios, ésa es indispensable para la supervivencia. Como decía Hobbes, en el exterior es donde efectivamente rige la ley de *homo homini lupus,* el hombre es lobo para el hombre. Es una inteligencia al servicio de la guerra entre los hombres, que luchan competitivamente para ser unos más que otros, porque no hay que olvidar que el éxito de unos suele ser el fracaso o la derrota de los demás que pelean por la misma meta.

Otra es la inteligencia crítica, la que analiza ideas y creencias que dominan en la sociedad, prejuicios y discriminaciones, para voltear mitos y hacer "parir" verdades. Esta última expresión es de Sócrates.

Es también la inteligencia que practicaba el escéptico Voltaire, para derrumbar los muros de mitos y fetichismos que suelen tapar los ojos de los hombres.

De esa inteligencia, el agudo poeta escocés Thomas Carlyle, hablando de Voltaire, opinaba lo siguiente: "El intelecto astuto y omnisciente que posee es un intelecto de abogado; puede contradecir, pero no puede afirmar. Con su visión de lince puede describir de una manera lo ridículo, lo inadecuado, lo malo, pero lo solemne, lo noble, lo valioso es tan antiguo como su antigua madre".

Lo que Carlyle sugiere, y yo plenamente apoyo, es que la inteligencia y la razón son fuertes cuando tienen y deben destruir falsedades, reconocer el defecto, mostrar el error. Pero no son capaces de construir un mundo de creencias positivas, de ideales.

Se supo derribar muros. Se dijo no a las normas, a las costumbres, a las tradiciones, todo por la libertad.

El intelecto es un poderoso órgano analítico; divide el tema o el objeto en partes, y luego lo reconstruye, y es la síntesis en una nueva comprensión.

En la vida, el análisis lo hace el intelecto pero la síntesis depende de los valores que elijamos. Nos está faltando la síntesis. Pero con el intelecto no basta, se requiere creer en algo, en la trama de los cielos y de los universos y en nuestra participación en ella. Se necesitan utopía y esperanza. El momento de la síntesis es una toma de decisiones, de libertad positiva, la creadora, la que se compromete con un proyecto.

La convivencialidad

Convivir es practicar la inteligencia, la imaginación, la innovación, la alteración, la divergencia del yo con el yo, que da lugar al *training* para la convergencia de seres divergentes.

Convivir. Sin saber qué es el hombre. Con saber qué soy, qué eres, qué disfruto, qué disfrutas, qué cielo nos cubre, qué ambiente nos rodea, qué *mass media* nos somete.

Es el conocimiento de nuestras fronteras, que son nuestros puentes, nuestros límites, nuestros barrotes, nuestros alcázares.

Para mejor vivir disfrutando.

Iván Illich, en *La convivencialidad*, se refiere al vocablo alemán *Mitmenschlichkeit* (*Mit*=con/ *Mensch*=hombre) y lo traduce al castellano como "convivencialidad".

Cada hombre es co-hombre de otros hombres y está moldeado por sus relaciones co-humanas.

Illich considera que para la convivencialidad es indispensable la austeridad.

Austeridad es limitación, autolimitación, conocimiento y práctica de límites. Austero es el que no se desborda.

Para Aristóteles, como para Tomás de Aquino, la austeridad es lo que definió la amistad. Al tratar el juego ordenado y creador, Tomás describió a la austeridad como una virtud que no excluye todos los placeres, sino únicamente aquellos que degradan la relación personal. La austeridad forma parte de una virtud que es más frágil, que la supera y que la engloba: la alegría, la eutrapelia, la amistad.

Illich propone un programa de organización comunitaria, estableciendo medios de producción que el hombre maneje y domine, contra el viceversa que se estila en Occidente. Yo me abstengo de propuestas utópicas.

Hablaba de mi vecino, de mis otros más cercanos que rozan mi piel cotidianamente o con frecuencia temporal considerable. Quiero lo mismo que Illich: la alegría. La amistad y las otras virtudes que Illich hereda de los antiguos no me disgustan, pero son parte del Humanismo chillón y embustero.

Hay que reducir el margen de la felicidad anhelada en función del pequeño espacio que la libertad que el huerto propio puede disponer. Hay que ser austero con las utopías. ¿Quién quiere amistad? Todos, por cierto. Como se quieren las mayúsculas que dieron sentido y muerte a la evolución soberbia de Occidente.

Las mayúsculas, las grandes palabras, como humanidad, igualdad, libertad, amor, hombre, son abstracciones que finalmente no obligan a nada.

Si uno dice: "El amor es la entrega libre e incondicionada del corazón", ha dicho una frase muy bella. Pero ha dicho nada. Si yo soy alguien que escucha por vez primera ese concepto, entiendo las palabras pero no entiendo adónde llevan. En fin:

—¿Qué debo hacer yo con todas esas grandes palabras?

No sé, francamente. Alguien debería decirme algo menos poético acerca del amor y algo más práctico, volcado en la experiencia al respecto, porque la vida es acción, experiencia o, como decía Aldous Huxley, es aquello que hacemos con la experiencia que nos sale al paso.

Las grandes palabras, las abstracciones ("El hombre es el animal racional") suelen estar llenas de vacío si inmediatamente no se traducen en pequeñas monedas de acción y de compromiso.

A ello se refiere Iván Illich cuando habla de "austeridad". Seamos austeros con las palabras, los principios, las declaraciones. De grandes palabras se vienen nutriendo los hombres, y éstas condujeron a campos de concentración, a la miseria actual de la humanidad.

La persona es el ser que se hace responsable de la experiencia y asume el compromiso de acción para modificar lo negativo por lo positivo.

¿Cómo hacer para armonizar?

Que seas como yo quiero, que yo sea como tú quieres, es imposible.

La maravilla de la vida es la diferencia y el misterio que anida en cada cual. De la captación de la maravilla se pasa a la admiración. Mirarte sin querer retocarte.

No eres como yo quisiera que fueras. En cambio eres como yo nunca soñé ni esperé que fueras.

¿Por qué no medirte desde el ser y no desde el no ser?

La vida es aventura y ejercicio.

Porque lo previsto se da muy parcialmente, y se da sobre todo lo imprevisto.

En consecuencia, hay que estar atento, despierto, y disfrutar de lo imprevisto, en sus momentos de belleza, y otras veces enfrentarlo, en su tristeza, para superarlo mejor.

"Es una gran locura pedir que los hombres armonicen con nosotros", dice Goethe.

Yo no lo he hecho jamás.

Yo he considerado siempre a un hombre como un individuo existente por sí, a quien quería conmover en sus peculiaridades, sin pedirle ningún género de simpatía.

Por eso he logrado poder tratar con todos los hombres, y sólo de ese modo se adquiere el conocimiento de caracteres variados y el aplomo necesario en la vida.

Goethe continúa reflexionando: "Pues, precisamente, frente a naturalezas contrarias a la nuestra, tenemos que dominarnos para poder convivir con ellas, y merced a esto hacemos sonar en nuestro interior varias cuerdas que así se desarrollan y perfeccionan, de modo que pronto nos sentimos capaces de afrontar cualquier choque".

¿Aceptas que el otro es otro?

¿Admites que es una locura esperar que tu esposo armonice contigo, que tu hermano coincida contigo, que tus hijos...?

¿Entiendes que el otro, tan distinto de ti, en ideas, en sensibilidad, en gustos, en tendencias, que ese otro justamente en lugar de rechazado debería ser mirado, admirado, es decir, captado en lo que es, para pensar qué soy, y por qué estoy tan seguro con lo que soy?

¿Serías capaz de ejercitarte?

Toda una vida para aprenderlo.

3. COMUNIDAD Y COMUNICACIÓN

La realidad de la vida

La vida superficial es la vida real.

Algunos, de tanto profundizar en problemas filosóficos, dejan de ver la realidad.

Fue lo que le pasó a Tales de Mileto: caminaba por la calle, ensimismado en sus reflexiones acerca de qué sustancia es la fundamental del mundo. Delante de él se abría un considerable pozo, pero no lo vio, y cayó dentro.

Una matrona, que por ahí pasaba, lo vio en esa torpe situación y le dijo:

—Tales, ¡fíjate lo que te pasó! Por meditar en las cosas del cielo, te olvidas de fijarte en las cosas del suelo.

La vida real es lo que realmente sucede en la vida, y no las ideas que nos formamos acerca de lo que debe suceder. El cielo y el suelo, ambos nos suceden, y por tanto ambos son reales y no deben ser ignorados.

La realidad es que no somos buenos, por ejemplo. Tampoco somos especialmente malos. La realidad es que confundimos nuestros buenos deseos con lo que realmente sentimos.

Lo primero que sentimos no es amor, es envidia. Eso es realidad.

Lo primero que brota en todo ser —y no podemos dejar de ser seres— es la confrontación con los otros. Los otros son un peligro o una ayuda. Depende de cómo se los tome.

En la antigüedad —y parcialmente también en el día de hoy— si uno salía de su comarca se exponía directamente al sufrimiento, al castigo, a la muerte.

Ésa es la pena que recibe Caín de Dios.

Caín mata a su hermano y Dios lo castiga enviándolo al exilio: "Errabundo serás sobre la tierra".

¿Qué responde Caín? "El castigo que me has dado es demasiado duro, porque cualquiera que me encuentre podrá matarme."

Ser extranjero equivalía a ser declaradamente enemigo o algo semejante.

Aún hoy los extranjeros no son bienvenidos. A menudo hablan la misma lengua que los del lugar, visten igual, se comportan igual y, sin embargo, no son bienvenidos.

¿Por qué? Porque son un peligro, son los otros acerca de quienes, mejor y más fácilmente, podemos expresar nuestros sentimientos negativos.

Todo lo que es ordenamiento moral o religioso o legislativo se basa siempre en una tendencia opuesta natural del hombre.

Si te dicen amarás a tu prójimo es porque, por naturaleza, no lo amas, por naturaleza es tu competencia, en estadio primitivo es el que puede comer el pan que a ti te hace falta; en estado salvaje, es el que puede matarte de noche para robarte la cobija. En estado de civilización, no deja de ser un peligro potencial. Siempre es el otro, el ajeno, el no yo, el eventual enemigo, el posible foco de ataque contra mí o contra los míos o contra mis valores más queridos.

El conflicto básico de todos los días

No nacemos amando. Esto te enseña la filosofía de la vida superficial. Que nacemos contra el otro. Incluso la madre, la tan querida madre, dice Melanie Klein, es ambivalente para su dulce retoño.

Es buena cuando está presente y hace todo lo que le pido.

Es mala, dañina y odiada cuando está ausente y no está a mi servicio, o cuando no hace todos mis caprichos, o cuando quiere a otro que no soy yo.

Y mamá tiene esa costumbre: quiere a mi papá, quiere a mis hermanos.

La envidia es la primera pulsión que aparece en la vida.

Otros le llaman competencia.

Es el conflicto básico. Lo contrario del amor no es el odio; el odio es una faceta distorsionada del amor, un momento negativo de la pasión dada vuelta. Lo contrario del amor es la envidia. La envidia no quiere la existencia del otro, mientras el amor la afirma.

Ocultamos este sector de la realidad, preferimos que nuestros hijos no lo vean, que sólo se nutran de hechos positivos, de soles radiantes, de profundidades acerca de la amistad y del compañerismo, de ángeles que los sobrevuelan, de ositos de peluche y de dibujos de palomas.

Por otra parte, sin embargo, ellos se nutren, con nuestro aplauso, de dibujos animados.

¿Quién no vio a Tom y Jerry?

¿O prefieren que hablemos de los más antiguos, de Olivia y su enamorado Popeye?

Los dulces y encantadores dibujos animados, que todas las infancias del mundo consideran hoy su plato predilecto, y que todos los padres del mundo procuran que sus hijos absorban, esos dibujitos ¿de qué hablan?

De la envidia. De la guerra. Del otro que es mi enemigo. De la competencia por sobrevivir. Del perseguido y del perseguidor. De la victoria del más astuto. No del más justo, sino del más astuto.

En esos cómicos dibujitos animados aprenden los niños lo que les ocultamos en la vida diaria: la lucha contra el otro.

Ser en la relación. Ser es ser en relación.

Hablar, hablamos todos. Escuchar, muy pocos y rara vez. De este segundo rango, bastante infrecuente es el ser personal, y de él depende la posibilidad de afecto, de amor.

La relación entre nosotros, los humanos, es misteriosa, es impredecible. En física, en biología se puede predecir qué sucederá cuando dos de sus respectivos elementos se encuentren. En la vida humana, no. Jamás sabe uno en la educación si después del diálogo fue comprendido por el otro, dice Carl Rogers en su libro *Libertad y creatividad*.

Ese autor nos transmite asimismo cuánto placer le da "cuando puedo oír realmente a alguien". Y añade: "Cuando escucho realmente a otra persona entro en contacto con ella, enriquezco mi vida... Escuchar a alguien es como escuchar la música de los astros, porque más allá del mensaje inmediato de la persona, cualquiera que ésta sea, está el universo, el cosmos".

Rogers reconoce que, tanto como le gusta escuchar, le gusta ser escuchado. Queremos ser percibidos. Como decía George Berkeley, filósofo inglés, *esse est percipi*. Ser es ser percibido.

La persona es misterio y la comunicación es misterio. Lo único que da alguna pauta del ser interpersonal es el placer de ser *con* y ya no más *ante*.

De convivir y no de representar personajes en el retablo de la existencia.

Humildad

El otro también existe, no eres único. En este principio está el fundamento de la ética, es decir, de toda relación. Porque cuando estamos en relación con otros, estamos en situación de moral, de elección de valores.

Humildad. Respeto es tener humildad.

Yo sobre el otro. El otro sobre mí. O yo y el otro.

La última, obviamente, es la opción que más dicha puede brindarnos. Para llegar allí tenemos que descentrarnos, dejar de ser el centro, dejar de ser niños egocéntricos como en nuestra infancia. Salir del centro es necesario para dar lugar al otro, no asfixiarlo con mi presencia.

Y la humildad es la clave en la relación con el otro. Para escucharlo, para aprender, para hacerlo significativo. La humildad es el don primero y último para la coexistencia.

El hombre actual no dispone de esa humildad, que es solamente del sabio que, por sabio, sabe que no es sabio.

La vanidad de los modernos y posmodernos consiste en que yerran el camino al equiparar igualdad con derecho a expresión igual y saber igual. Y no somos todos iguales. Yo no toco el piano como Martha Argerich, ni Martha Argerich sería capaz de explicar el pensamiento de filósofos como Wittgenstein.

Es urgente que los que se creen sabios dejen de saber y aprendan a vivir.

Es urgente que los ignorantes no se avergüencen de serlo y aprendan a respetar la palabra, la idea de los que han hecho más en la vida por saber, aprender, entender.

Belleza es humildad. Humildad es no acumulación de saberes. Es empezar de nuevo. Cuando se empieza de nuevo puede darse el encuentro por ventura.

Empezar de nuevo es desengañarse, quitarse de encima los engaños, aquellas verdades que se enquistaron y dejaron de ser vida, y por lo tanto fenecieron también como verdades.

Eso nos conduce a la humildad. Es la desnudez, la desprotección. Nada anterior a este momento te da contención. Estás lanzado hacia el devenir y sus impresiones.

Múltiples dimensiones

Los límites son para un mundo en comunicación humana; para eso sirven. Por lo demás, si vives solo, si estás solo, y a toda costa te fascina apagar puchos en la alfombra de tu casa, sin daño para nadie, hazlo, es cosa tuya.

Los límites, las normas, los valores, corresponden al hecho de que hay un sector de la vida que no es cosa mía, que es cosa *nuestra*, cosa compartida, que me hace depender de ti, y a ti de mí, y a nosotros de otros, y tienen un solo efecto: hacernos más o menos felices.

De eso se trata, nada más que de eso.

Y si eres religioso rézale a Dios cuando quieras, y dile lo que quieras, y no es menester que le preguntes a nadie cómo se hace.

Si participas, en cambio, en una comunidad, si te es indispensable el calor humano, de que puedas decir no solamente "Dios mío", sino "Padre nuestro", entonces debes limitar tus aspiraciones anárquicas y seguir el ritual que todos comparten.

Fíjate, el ritual es lo que compartes. Y Dios sigue siendo el misterio de cada uno.

Rilke decía que un hombre debe tener varios nombres, para sí mismo, para el otro, y uno oculto para cuando lo llame Dios.

Las normas, los límites son del orden de aquel nombre tuyo que te relaciona con otros seres humanos.

El resto es incógnito; lo incógnito, precisamente, es lo tuyo, lo absolutamente tuyo, inefable, incompartible.

Estamos hechos de múltiples dimensiones. Algunas para nadie, otras para otros.

Si hablo de límites, hablo de amor, de relación, de ser con otros.

Hay reglas, hay límites. Hay algo que es la costumbre de las reglas y de los límites, su modo de ponerlo en práctica; ésa es la moral, que viene del latín *mores*, costumbres, o de su equivalente griego *ethos*, de donde proviene "ética".

Uno nace y aprende a comer, a caminar, a jugar, a moverse.

Al mismo tiempo aprende los límites, las distancias entre el bien y el mal, entre lo conveniente y lo inconveniente.

¿Cómo lo aprende el infante?

De sus padres. Así como aprende de sus amigos a jugar a las bolitas, y aprende las reglas de ese juego de sus amigos mayores.

Alguien mayor le enseña a alguien menor, y le transmite su mundo, sus reglas.

No hay más alternativa. La madre da el pecho y junto con la leche va entregando modos de ser, de sonreír, de cantar, de hacer bien, y prohibiciones de "no, esto no se hace", "no chupes la almohada", "no rompas el juguete", "no comas barro".

Todos habremos observado cómo se deleitan los pequeños en la repetición. Les gusta que les cuentes el mismo cuento, que les hagas el mismo gesto, la misma broma, la idéntica cosquilla y ellos mismos, en cuanto pueden o descubren cierto movimiento, lo repiten al máximo posible. Es su placer, es su deleite.

¿Qué es repetir? Es establecer una regularidad,

una regla. Así hasta el año de vida. Luego, durante los primeros años, sigue rigiendo ese placer de repetir conductas completas, colocar toda una serie de objetos en cierto orden determinado, repetitivo. Es placentero. El placer consiste en poder hacerlo. En poder hacerlo bien.

Ésta es una regularidad descubierta por el individuo y válida para él.

Es su propio invento esconder algo bajo la almohada, encontrarlo, volver a esconderlo. O construir con cubos una mansión, algo que es mansión solamente para él. Otro viene y ve allí un garaje. Otro dice que es un parque de animales.

El egocentrismo reina aquí, y cada uno se relaciona fundamentalmente consigo mismo, y traza estas frecuencias en forma de rituales. Significan algo para él. Eso es un símbolo. El símbolo vale solamente para uno mismo. Esto es un palacio, dice el niño y es válido para él.

El signo, en cambio, es un estadio superior de captación y relación.

Los incomunicados de Babel

¿Cómo nació la Torre de Babel?

Nació de la imaginación de unos hombres que se aburrían y no encontraban satisfacción en nada de lo que tenían. El ritmo cotidiano era bueno, sencillo, bien armado, bien repetido, infatigablemente el mismo. Se levantaban a la mañana, iban al trabajo, se saludaban en la calle, y por la noche, cansados, abrazaban a sus esposas y en ese abrazo se dormían.

Se aburrieron. Empezaron a preguntarse cosas, a interrogarse, a cuestionarse. Se sentían aprisionados en sus ciudades, en sus hogares, en el cariño de sus hijos. Algo relampagueó en la fantasía de ciertos hombres. Tenían que romper la barrera del tedio y de la organización. Decidieron irse.

El mundo ha de ser amplio y bello. Había que desarmar límites y partir hacia lo nuevo, lo inédito, lo inexplorado. Los ojos se enriquecieron con savia de luces en flor. Los labios se resecaron con fiebre vital en ciernes. Los pies cosquilleaban. Las mujeres ardían en furor de movimiento.

Los más experimentados en cosas de la vida levantaron una mano para aplacar los ánimos. "Nadie se va —dijeron— sino para volver." Nadie se aventura hacia lo desconocido si no cimenta previamente lo conocido, como punto de referencia, de refugio, de retorno. De esta manera fue que nació la Torre de Babel. Porque no querían arriesgar demasiado. Construyeron pues la Torre, grande, enorme, altísima, para que —según conceptos geográficos de la época— pudiera ser vista desde cualquier lugar de la tierra, y toda persona pudiera volver a su punto de partida, sin desorientarse, sin desesperarse, sin perderse totalmente en lo desconocido.

Tarde o temprano se vuelve. Tarde o temprano, el juego de lo nuevo y de lo inédito se torna rutina y cansancio. Es inevitable. Entonces uno mira y encuentra apoyo en la Torre de Babel, y se dice: "Volvamos a casa".

Ganar, pero sin perder. Partir, pero sin partirse. Aventurar, pero sin riesgos.

Una torre que llegue al cielo, pero sumamente enraizada en la tierra. Para que el cielo se acerque un poco y la tierra adquiera aire de elevación. Eran hombres idealistas del cambio, pero de un cambio satélite de cierta permanencia fundamental. Un cambio que, radicalmente, nada cambia.

Una torre que toque el cielo dispensa al hombre de extravíos mentales. Fueron los primeros tecnólogos. Los primeros grandes constructores. La gente los veía hacer y se quedaba pasmada. Carros de ladrillos que iban y venían. Muros que crecían lenta pero decididamente hacia el cielo. Veían el cielo cada vez más bajo. Estaban extasiados. Nunca lo hubieran soñado. Los primeros tecnólogos inventaron el sueño de ladrillo. Sintieron que la historia estaba dando grandes saltos hacia el futuro. Las apariencias del cambio los fascinaban. Fueron los primeros tecnólogos que, en realidad, eran teólogos del ladrillo.

Dijeron: Dios no existe, existimos tan sólo nosotros y los ladrillos y todo lo que seamos capaces de construir con estos ladrillos.

En el comienzo la torre nació como medio. Luego, paulatina e insensiblemente, se transformó en fin. Olvidaron la finalidad primera: partir para volver. Simplemente se limitaron a construir la torre y a gozar con la propia posibilidad de hacer torres de firmes ladrillos. Se creían dioses. Se alababan recíprocamente. Se aplaudían. Ya no necesitaban irse. Podían permanecer en torno de esa torre y soñar nuevas torres. Ya no se aburrían.

La vida adquiría nuevos tintes, nuevas aberturas hacia lo alto. La técnica —adivinaron— podía perfeccionarse progresivamente. Del infinito divino pasaron al infinito técnico. La técnica, evidentemente, era todopoderosa... Ya no se aburrían porque la fascinante e incipiente tecnología los embriagaba y enajenaba. Ya no pensaban en sí mismos y, en consecuencia, no podían aburrirse. Soñaban con ladrillos y, lentamente, fueron perdiendo viejos hábitos: besar a los niños, abrazar a las esposas, mirar el cielo nocturno. La torre atraía todas las miradas y crecía firmemente en todas las almas.

Incluso las enquistadas normas del lenguaje se fueron desmoronando poco a poco. Hablaban de números, de calidades de arcilla, de ladrillo quemado, de tamaños, de pesos, de alturas, de fuerzas, de equilibrios. Se olvidaron de hablar o, aunque quisieran, ya no sabían cómo hablar.

Por eso, dicen, el lugar se llamó Babel, que significa "mezcla de idiomas". Porque la Torre era una, y también el idioma relativo a la torre era uno. Lo demás era miscelánea idiomática incomprensible.

De a ratos, uno balbuceaba ciertas frases y el otro

lo contemplaba con ojos atónitos y fríos. No lo comprendía. Para evitar estas situaciones peligrosas e incómodas, procuraban limitar sus diálogos y conversaciones a los temas técnicos relativos a esa torre o a variaciones en torno de la Torre.

Los niños construían sus torrecitas en la arena. Los padres contemplaban orgullosos. Hablaban poco entre sí. A veces, en la desesperación de querer decir algo, gritaban. Los gritos producían, como eco y reflejo, otros gritos. La Torre crecía a costa de la comprensión.

Cuando se agotaron los ladrillos y la imaginación, la Torre alcanzó su cúspide máxima y los silencios entre los hombres también alcanzaron sus cimas extremas y retornaron a la idea inicial. Sin previo aviso, lentamente, como si fueran culpables de algo, con el menor ruido posible, comenzaron a irse, a abandonar sus hogares, a diseminarse por toda la tierra en busca de alguien con quien pudieran retomar la posibilidad de diálogo perdida.

Babel tenía multiplicidad de idiomas. No podían seguir conviviendo con tantos lenguajes al mismo tiempo. Por eso retomaron la idea inicial, aunque ahora la motivación era muy distinta. En un principio pensaban dispersarse por el mundo a fin de volver a la torre maternal y protectora. Ahora, en cambio, procuraban huir de esa torre y de esa Babel de idiomas personales, subjetivos, intransmisibles.

Así fueron naciendo los diversos pueblos sobre la tierra, cada uno con su lenguaje específico. Claro está que esos pueblos nuevos a su vez fueron soñando y construyendo su propia Torre y su propia Babel.

Y el cuento es de nunca acabar.

De Babel se va, a Babel se viene. De Babel se huye, en Babel se recae.

Para descansar, para no comprometerse, para no angustiarse, la gente prefiere hablar de ladrillos, pesos, medidas, alturas, fuerzas, equilibrios. De tiempo en tiempo, entre tanta torre improvisada o planificada, grande o pequeña, alta como el cielo o como ciertos arbustos enanos, los hombres retornan cansados a sus hogares y en el camino a veces alcanzan —si es que alcanzan— a avizorar algunas estrellas, y cuando llegan a sus casas quisieran decir algo, pero so temor al balbuceo incomprensible, prefieren hablar de eso que la gente normal rutinariamente habla.

Comunidad, comunicación

Nuestra vida tiene un sentido comunitario-comunicativo; individualmente puede que hallemos éxito pero no sentido, pues es la comunicación la que da sentido a la vida.

Tú no eres tú, eres una parte de un nosotros, de la misma manera que cada animal es parte de la especie, sólo que en los animales la reproducción es la meta, en cambio en nosotros, el individuo es más importante que la especie.

De este modo lo expresa el sabio mundialmente reconocido Werner Jaeger:

"La educación no es una propiedad individual, sino que pertenece, por su esencia, a la comunidad. El carácter de la comunidad se imprime en sus miembros individuales y es, en el hombre, el *zoon politikón*, en una medida muy superior que en los animales, fuente de toda acción y de toda conducta... La estructura de toda sociedad descansa en las leyes y normas escritas o no escritas que la unen y ligan a sus miembros. Así, toda educación es el producto de la conciencia viva de una norma que rige una comunidad humana, lo mismo si se trata de una familia, de una clase social o de una profesión...".

La sociedad del riesgo

Para entender el hoy, la fisura bajo la existencia y dentro de ella, hay que mirar atrás, a los símbolos de lo que fue el mundo, de lo que fue mundo. Pienso en las mesas sólidas de madera de enorme ancho, pienso en la solidez de esos edificios como son los colegios de Montserrat en Córdoba, o algunos de comienzos de siglo en Buenos Aires, en el interior del país, paredes de cincuenta centímetros de ancho, pirámides para la eternidad.

Se vivía, se escribía, se pintaba para la eternidad. La eternidad fue suplantada por la "pasajeridad", la inseguridad, el riesgo. De esta manera llama Ulrich

Beck a la sociedad actual, la denomina "la sociedad del riesgo".

Pero no estoy llorando, ni gimiendo, al estilo de Manrique que pregunta "Dó fueron" aquellos maravillosos tiempos del pasado. No. Estoy simplemente intentando entender el cambio. Para entenderme, para captar la crisis de afuera, y este desasosiego de mi crisis de adentro.

Miedo de incertidumbre y soledad.

Dice Beck: "Con el debilitamiento de las tradiciones crecen las promesas de la relación de pareja. Se busca en el otro todo lo que se va perdiendo".

En lenguaje de Borges:

"No nos une el amor sino el espanto
será por eso que la quiero tanto".

Y claro que la quiero y la necesito, y a mis padres, y a mis hijos, y a mis amigos, pero ¿cómo hacemos para convivir, es decir, para comunicarnos? Si cada uno es una isla de individualismo lo común, que era precisamente la tradición, nos deja un vacío que no se puede puentear. El círculo es ultravicioso: no tenemos más tradición, es decir, normas, trama social, rituales, símbolos interhumanos, y por eso estamos solos, y te necesito. Pero cuando estamos juntos, no sabemos qué hacer porque cada cual parte de su libertad creadora y de su momentaneidad expresiva. Y ahí es donde nos desentendemos.

Tres tipos de diálogos

El diálogo no es cosa de místicos, ni de aristócratas, ni de intelectuales. No requiere como marco el prado, la playa, o la montaña soberbia. Es cosa de todos los días, de toda la gente y de cualquier estado de la persona.

No está supeditado a un condicionamiento de factores seleccionado. Se da en la vida corriente, y por cualquiera de los cauces donde fluyere.

En la ruidosa fábrica y en la populosa calle. No en el aislamiento ni en la fuga de la vida real. Lo único que importa es la vida real, en sus condiciones reales.

Según Martin Buber, hay tres tipos de diálogos:

1) el auténtico, el de los participantes que se dirigen uno hacia el otro, al ser, no a sus apariencias ni a sus ideas, ni a sus palabras;

2) el técnico, para que dos personas se pongan de acuerdo en diversos temas;

3) el aparente, el de personas que hablan entre sí pero en realidad hablan —cada una— para sí.

El primero, sabido es, es el más raro.

El segundo pertenece al mundo de los negocios, de las transacciones. Pero guarda alguna posibilidad intrínseca de llegar a producir un momento de encuentro auténtico.

El tercero, en cambio, no cuenta con el otro sino

como espectador o testigo del propio discurso. Tristemente, prevalece cada vez más. Monólogos disimulados. Soledades disfrazadas. Por más acompañadas que estén. Y por más que clamen y reclamen por sinceridad, franqueza.

Nuestra generación enarbola a menudo la bandera de la sinceridad. Diga usted todo lo que siente, todo lo que piensa. Vuélquese, exprese su interior.

Buber desconfía de tanto altruismo retorizado, de tanta apertura esloganizada. Y dice: "Quien puede abrir todo su corazón a cualquiera es porque no tiene nada propio que perder".

El que, con facilidad rutinaria, se abre es porque nada tiene que entregar.

La direccionalidad hacia el otro implica cautivar al yo, al ser interior.

Hay que estar cerrado para que la apertura tenga algún sentido.

El autor no nos invita a un *happening* de "amaos los unos a los otros" ni de edulcorado hippismo.

Es la otra rutina. Tan rutina como la rutina que combate.

Pero, por otra parte, en el yo que se autocultiva y no es capaz de abrirse ante el otro que "le ocurre", toda su riqueza interior es pobreza.

Debemos reaprender a vivir, a borrar fronteras de tiempos etiquetados y lugares estigmatizados.

El diálogo —recordemos— es responsabilidad. Responder al momento único e irrepetible. Al hombre único e irrepetible. A ese hombre, en ese momento, sin paradigmas previos ni catalizadores.

El diálogo no es un juego lírico de seres que se encandilan y se elevan por encima de la realidad. Es coparticipación responsable en un mundo a hacer.

Por tanto, es toda la vida. O, mejor dicho, toda la vida, en todos sus sectores, requiere de la responsabilidad. Quizá sea el ser-en-la-fábrica quien más y mejor esté en condiciones dialogales que el ser-frente-a-la-soledad del mar cósmico.

El diálogo es responsabilidad. La responsabilidad es la ética.

El Logos

En el comienzo fue el Logos. El Logos es la palabra creadora, la que sale hacia afuera y dice el mundo, lo hace, lo ilumina. Es la salida y se denomina expresión, es decir, la presión del interior hacia el exterior. Es la presión del ser humano que como todo ser se encuentra fuera de sí, sale para encontrarse.

Nadie sabe qué piensa antes de expresarse. Expresarse, en francés, está ligado a "*exprimer*". Exprimir es arrancar los jugos interiores y volcarlos hacia el exterior, enajenarlos, hacerlos ajenos, entregarlos y, a través de ellos, entregarse.

¿Cuál fue la diferencia entre Caín y Abel? ¿Por qué aceptó Dios la ofrenda del segundo y no la del primogénito? Porque Caín trajo cosas. De Abel, en cambio, está escrito: "Y Abel trajo también él...". También él, también a sí mismo. Ésa es la entrega capital. Se trajo, se expresó, se exprimió.

El Logos es un esfuerzo de comunicación. Dice y al decir *se* dice; produce una entrega, una ofrenda.

Es el logos de la raíz que produce los verbos leer, elegir, unir, reunir.

De ahí inteligencia, que es *intollegere*, leer dentro. Pero *legere* es también reunir, atar, ligar, y todo alude a un nexo, una comunicación.

Igual que *com*prender, que es prender conjuntamente con otros.

Igual que entender, tender hacia adentro. Los ingleses dicen "*understanding*", que es lo que está por debajo de. Todo está ligado, uno debajo de otro, uno con el otro, al lado, encima, al costado, pero ligado.

Conectado. Hablar es hablarte.

Por eso, te busco; por eso, te hablo; por eso, te quiero. Necesito darte, dárme-te. Para ser yo. No soy sino en la entrega.

En busca del diálogo perdido

El logos busca el dia-logos. No es el logos con el otro ni el compartido por dos personas.

Entiéndase el origen griego del vocablo *dialogos*. Es el logos que pasa *a través*.

Dia es "a través". Es el "a través" el que nos une. La palabra que transcurre como corriente eléctrica a través de nosotros. Construimos el canal por donde se despliega, fluye la comunicación.

Lo que se dice no es lo que decide la comunicación. El qué del decir es totalmente contingente. Vale la entrega, no el contenido de la misma.

Intercambiamos ideas, por eso estamos tan solos cuando estamos juntos.

El diálogo, en cambio, interviene, es lo que viene y adviene a través de nuestro encuentro-entrega.

Diálogo es encuentro, sapiencia y conciencia de que hablamos porque no tenemos qué decir, porque el decir es totalmente intrascendente ante la trascendente función que cumple, que consiste en hacernos sentir parte de una comunicación donde nos ligamos y nos conectamos en una entrega.

Ese misterio llamado vida.

Ese otro misterio denominado ser, sosiego de ser con lo otro que es, secreto de compartir una experiencia que te arranca de ti mientras te devuelve a ti, fuera de ti y que termina, aunque fuera por un instante, acallando el agujero negro de ser para la nada.

La vida es diálogo. Cuando no lo es, se vuelve acumulación de palabras, discursos, vanidades de quereres y angustias, de globos que ascienden y nunca dejan de explotar tarde o temprano en los aires, monólogos que se entrecruzan y saludan o provocan odios y resentimientos, más la correspondiente envidia que ha de carcomernos hasta en el sepulcro.

La vida es diálogo. Significa que no puedo poseerte porque no puedo poseer nada, porque yo, estrictamente, soy el poseído, cuando percibo la experiencia del diálogo, el ser a través (léase: atravesado).

La vida me atraviesa, pero es vida en cuanto nos atraviesa y nos sentimos conectados, atados y no sueltos.

Para captar la diferencia, hay que escuchar

La diferencia puede ser puente de referencia, es decir, de relación.

Para captar la diferencia, hay que escuchar. El prójimo debe hacerse presente y su palabra ha de ser oída, registrada, contabilizada.

Diferente es el no-como-yo.

A tal efecto, debo prestarle atención.

Comunicación.

Si educar es educar en-por-para la diferencia, educar es educar para la comunicación.

¿Cómo funciona el mínimo de educación requerida, un bit humano?

Uno habla, el otro oye. ¿Quién escucha? ¿Oye el otro?

Ése es el interrogante, nada hamletiano, físico y concreto.

Pero el cuestionamiento puede ser invertido en términos de:

¿Habla uno para que el otro oiga?

Existe un hablar-para-ser-oído y existe un hablar-para-oírse.

En el diagrama más elemental del proceso comunicativo están:

- emisor del mensaje.
- medio comunicativo.
- contenido del mensaje.
- receptor-decodificador del mensaje.

En última instancia el mensaje depende del receptor-decodificador. Si él cierra sus compuertas perceptivas no hay ni emisor ni medio ni mensaje. Él decide.

La comunicación depende del receptor, es decir, de *el otro*.

Eso siempre y cuando el primero, el emisor, haya practicado un hablar-para-ser-oído. Cosa que no ocurre a menudo. Más bien lo contrario: ingresados como estamos en la rutina inter-monologal, vivimos juntos para que cada uno diga su palabra, y nadie oiga a nadie. En consecuencia, cada vez nos perfeccionamos más en el narcisismo palabrero.

En este orden de cosas ya no espero que el otro me entienda. Doy por sentado que no me entenderá. No me interesa que me entienda y, en consecuencia, hablo como si no estuviera presente, sin que me preocupe en lo más mínimo si mi expresión es o no entendible.

Dijimos que comunicación es comunicación de la diferencia.

La diferencia ocurre en un contexto de semántica que permite la analogía.

La diferencia es conclusión del "pienso, por lo tanto piensas".

Es decir: pienso, por lo tanto piensas diferente. Y me interesa lo que piensas. Para confrontarlo con lo que pienso.

Se nos ha enseñado a hablar.

—¡El nene ya habla! —dicen los papis radiantes y las tías felices.

En mis raptos delirantes imagino una situación en la que un grupo de familia contempla a un chico y lo evalúa diciendo:

—¡Qué bien que escucha Carlitos!

El arte de educar está ligado al arte de escuchar.

Como el arte de amar, que es el arte de aprender en el otro.

Entre el uno y el otro corren los significados.

El emisor produce significantes, que portan significados.

El receptor decide qué significados corresponden a los significantes.

Siempre que oiga.

Siempre que esté dispuesto a interpretar. Interpretar.

"Un bit de información se define como una diferencia que hace una diferencia", dice Gregory Bateson en *Pasos hacia una ecología de la mente*.

No es cuestión de lingüística ni de filología, sino de análisis semántico transaccional.

No es la palabra la que significa. Es la persona.

La persona es el significante.

La palabra "luna", en boca de un astrónomo, significa "luna".

En boca de Romeo y frente a Julieta, significa "miel, hechizo, te adoro".

Comunicarse es traducir: el mensaje es disuelto en el contexto del sujeto significante y se hace significado dentro del otro sujeto significante.

De lo cual se infiere que no existe el significado. Lo único que existe es el significante, los significantes, nosotros. El cuerpo de la emisión, el cuerpo de la recepción y el campo magnético que conecta a ambos.

De ahí la necesidad del otro.

El otro diferente es mi intérprete, el único posible, el único que puede poner de relieve esa discordancia.

El significado de mi significante nunca es mío; siempre está alterado.

Su hado es el alter, el otro.

Necesito de su oído, de su atención.

El aprendizaje de la comunicación

La vista fija los elementos que percibe y les otorga formas definitivas.

La vista inmoviliza. Es el órgano de la racionalidad. Idea proviene del verbo griego *orao*, "ver". La idea es vista, clara y distinta, con bordes torneados, perfectamente delimitados. La pretensión helénica del *logos* es la fusión absoluta de significante y significado. Un Orden, un Cosmos, único, eterno, inexorable. La esfera perfecta de Parménides. La armonía de Pitágoras. La Verdad.

Esa razón visual está al servicio de la ciencia, no de la vida, como observó Henri Bergson. No entiende sino lo inmóvil. Es decir, lo inerte, lo muerto. Para ello inmoviliza, y luego entiende.

El ser, en el horizonte de la razón visual, es todo el ser que es. No hay discrepancia entre el ser y el saber, al modo lacaniano. El ser no es rebasado. El significado es todo el significado. No hay más que una "luna", la de la Verdad, que coincide con la que está en el firmamento. Las otras "lunas", las de Romeo, son lunáticas opiniones subjetivas. Y, en última instancia, una traición al espíritu razonable y racional. Deben ser expulsadas de *La República*, dijo irónicamente Platón, porque son desorden y desestabilizan la organización de significado-significante.

Sobre ese eje mental venimos girando a lo largo de los siglos.

Podemos dejar de vernos y comenzar a oírnos. El eje opositor, si cabe decirlo en estos términos, es el auditivo.

Según McLuhan, estamos pasando de la cultura

del ojo a la cultura del oído. "Nos movemos velozmente hacia un mundo auditivo de sucesos simultáneos y conocido de extremo a extremo." (*La Galaxia Gutenberg*)

Este autor es un profeta optimista, y así es como se inserta en un nuevo mito de ciencia-ficción-religión en torno al Hombre.

"Ahora podemos vivir no sólo anfibiamente en mundos separados y distintos sino plural, simultáneamente con muchos mundos y culturas", afirma.

Afirma bien. Podemos vivir. Es una cuestión de decisión.

McLuhan rebosa de fe en el Hombre: "Compartimentar el potencial humano en culturas únicas será pronto tan absurdo como ha llegado a serlo la especialización en temas y disciplinas".

El objeto visual nos separa a unos de otros. El visualismo, simbolizado por la letra escrita en líneas ordenadas matemática y geométricamente, traza un mapa de divisiones, separaciones, fronteras. El medio acústico rompe esos muros.

Los hombres pueden dividirse en múltiples categorías, de diversa índole.

Hay dos tipos de humanos:

- los que se oyen a sí mismos exclusivamente.
- los que también oyen a otros.

No nos educaron para disfrutar de la vida

Si en el mundo actual cunde el absurdo es porque, efectivamente, se trata de una trama donde prevalece el *ab-surdum*, una situación de sordera existencial.

"Es absurdo y a la vez ridículo que algún ser humano busque la dicha perpetua en esta vida. No existen la ventura y el placer en sentido absoluto, sin mezcla de amargura, de lamentación o de envidia a modo de oculta esencia", opinaba el melancólico Robert Burton en *Anatomía de la melancolía.*

Amargura, lamentación, envidia, insaciabilidad lo corroen todo. Es cierto. Si todo pasa, decía Rilke, compongamos la melodía pasajera.

No nos educaron para disfrutar de la vida.

¿No podría intentarse?

En principio habría que eliminar la "dicha perpetua" para aprender la dicha de un día a la semana o al mes. Lenta, progresiva y didácticamente la cuota iría creciendo.

La amargura, el resentimiento, la envidia que nos infectan, provienen de la frustración de la omnipotencia imposible.

"Agota el campo de lo posible", le decía Píndaro a su alma.

Agotar. Hasta el fin. Sin renuncias. Pero renunciando, sin embargo, a lo fútil, a lo absoluto, a la perpetuidad anhelada por Burton caído en la melancolía.

Aprender a discernir lo que quiero, lo que no quiero, lo que me gusta, lo que me disgusta, lo que puedo, lo que no puedo.

Hay aquí un juego dialéctico de libertad que se confirma a sí misma en el reconocimiento de sus fronteras.

"No renunciar a nada", dice la tesis.

"Renuncia a lo que no puedes", considera la antítesis.

"Agota lo posible", sugiere la síntesis.

Iván Illich opina al respecto: "Los hombres no tienen necesidad de más enseñanza. Sólo necesitan aprender ciertas cosas. Hay que enseñarles a renunciar, cosa que no se aprende en la escuela, aprender a vivir dentro de ciertos límites, como exige, por ejemplo, la necesidad de responder a la situación de la natalidad. La supervivencia humana depende de la capacidad de los hombres para aprender muy pronto y por sí mismos lo que no pueden hacer". (*La convivencialidad*)

Es muy poco realmente lo que hay que aprender para aprender a vivir, único aprendizaje relevante. Sólo que ese "poco" es un cambio total de dirección en la canalización de los valores.

4. SER PADRE, SER MADRE, SER HIJO

Los límites de la responsabilidad de cada cual

Hay problemas que son muy específicos de los tiempos en que vivimos. Otros, en cambio, son eternos, porque derivan de la estructura psíquica del hombre, como la competencia entre las generaciones, las relaciones de amor y contradicción entre padres e hijos.

Se encuentran en la historia de David, el gran rey, el antecesor del Mesías. Se hallan en las gestas homéricas, en las epopeyas nórdicas, en los mitos y en las historias de todos los tiempos, empezando por el propio y hoy tan famoso Edipo.

Quiero traerles un caso menos famoso, pero sumamente duro e ilustrativo.

Se trata de Alcestes, que era la mujer de Admeto. Este señor había cumplido su ciclo vital y debía morir, pero Apolo les ruega a las Parcas que le prolonguen la vida. Para ello es necesario que otros den su vida y la regalen a Admeto. El sujeto de la supervivencia espera que sus padres, ancianos, lo hagan.

Ellos se niegan. Alcestes considera que su deber de esposa es sacrificarse por Admeto. Lo hace, pero su acto heroico es recompensado por los dioses y salva su vida a último momento. De la ingratitud posterior de Admeto les contaré en otra oportunidad, o pueden informarse leyendo las diversas versiones dramáticas que se han compuesto sobre el tema desde Eurípides.

Quiero citarles los versos de ese genio griego:

"Innumerables y diversas son las formas de los acontecimientos suscitados por el destino/ Lo que esperamos no se realiza y un dios trae, en cambio, cosas inesperadas".

Así es la vida, un destino inesperado tejido con los hilos de nuestras esperanzas.

En lo que hace a nuestro tema, es capital este diálogo de Admeto con su padre.

El hijo le reprocha que Alcestes se haya inmolado, y que su padre no estuviera dispuesto a sacrificarse por él.

El padre le responde:

"No debo morir por ti, porque no es ley de los abuelos ni de la Hélade que los padres mueran por sus hijos. Tuyos son tu vida y tu destino, tanto en la dicha como en el infortunio. Cuanto podríamos darte nosotros ya lo posees...

"No mueras por mí como yo no muero por ti. Si te place la luz del sol, ¿por qué has de pensar que a tu padre le disgusta verla? ¿Y tú hablas de mi cobardía, tú, que te has dejado vencer como el más indigno de los cobardes por esa mujer que ha querido morir por ti, por su bello marido? Puedes decir que has hallado un medio ingenioso de no morir nunca, si, cada vez que te amenace la muerte, logras persuadir a tu mujer del momento de que sucumba por ti. ¡Y nos insultas a nosotros, los tuyos, y nos llamas cobardes cuando tú mismo te has conducido como tal!".

Es el principio establecido en la Biblia:

"Los padres no serán castigados por los hijos, ni los hijos por los padres, sino que cada uno cargará con su responsabilidad".

Dos textos para reflexionar sobre la relación entre padres e hijos, el entramado intergeneracional y las responsabilidades mutuas.

Cada cual debe ser responsable por sus acciones.

Responsabilidad. Del verbo responder.

Responder por su vida.

Amor positivo, amor negativo

Usted leyó el subtítulo y se quedó azorado: ¿Cómo puede ser que el amor sea negativo?

Puede ser. No el amor en sí, sino algunas de sus expresiones.

El amor negativo es el que quiere poseer al otro y tornarlo objeto de sus deseos, de sus aspiraciones, de sus necesidades. Sucede a menudo en las relaciones de los padres hacia sus hijos.

Tu hijo, decía el poeta, es tuyo pero no es tuyo. Es un ser en sí, con sus propios genes, tendencias, gustos, dones. Hay que protegerlo pero no asfixiarlo. Hay que guiarlo y educarlo, pero no imponerle nuestros ideales, sobre todo aquellos que no supimos realizar nosotros.

Enseña Carl Rogers que sabemos que el amor, cuando se da, es porque estás desacorazado, sin necesidad de ataque, posesión, ni defensa.

Es que dejaste a un costado la lucha por la vida. Das, entregas y no esperas nada, ya que ese acto en sí te hace feliz. Pero hay que aprender a amar.

El sentimiento de madre o de padre no debe ser aprendido, pero cómo ejercerlo, sí.

El mismo Rogers se atreve a decir que tenemos relaciones de aparente amor que son relación de control. "Tan a menudo, aun con nuestros hijos, los amamos para controlarlos, y no porque los apreciemos."

Apreciar, dice el autor, es captar al otro en su ser y dejarlo ser. Abstenerse de modificarlo, esa pésima costumbre que nos domina a todos. Déjalo ser, como se deja ser una puesta de sol, el ruido del mar. "No trato de controlar una puesta de sol. La admiro a medida que pasa. Estoy contento conmigo mismo cuando puedo contemplar del mismo modo a mi colega, a mi hijo, a mis nietos, apreciando el pasar de sus vidas."

No entienda el lector que hay una contradicción entre lo anterior y nuestra insistencia en los límites. Una cosa es poner límites, tu lugar en esta casa, tus obligaciones en la vida frente a los demás, la distinción entre el bien y el mal. Debemos enseñarlo, es parte del amor. Porque te quiero, quiero que crezcas más y mejor. Porque detesto tus malas compañías o tus pésimos modales, te corrijo.

Lo otro, lo que Rogers explica, es que debo dejarte libres las alas que provienen de tu propio ser, de ser a tu modo, a tu manera, en tus vocaciones, en tus silencios, en tu intimidad. Ahí el amor es libertad. Sé lo que puedas ser, lo que quieras ser.

Disolución de plataformas firmes

Todavía no aprendimos a vivir juntos.

Y bien comenta al respecto Richard Sennet en *La corrosión del carácter*:

"El vínculo social surge básicamente de una sensación de dependencia mutua. Todos los dogmas del nuevo orden tratan la dependencia como una condición vergonzosa: del ataque a la rígida jerarquía burocrática tienden a liberar estructuralmente a la gente de la dependencia".

Este fragmento analiza la situación actual de los valores en el mundo. El valor de independencia es que se subleva contra la antigua dependencia que regía en todos los estamentos de la sociedad: en la oficina superiores e inferiores, que a su vez eran superiores de otros inferiores, es decir, una escala de jerarquía y responsabilidades.

Lo mismo sucedía, por cierto, en la familia, donde también había una escala que comenzaba con el *pater familias*, debajo de él la esposa, debajo de ambos, los hijos. Más que sumisión era una organización para que la maquinaria —de la fábrica, de la sociedad, de la familia— funcionara, dando a cada cual su puesto dentro de este esquema.

Antaño, ciertas órdenes de padres a hijos no se discutían, se acataban; lo mismo para la mujer frente a su esposo. Pero también es cierto que ese esposo, para dar esas órdenes, debía comportarse como esposo, como padre de la familia, como responsable por todos esos seres sometidos a su mandato. Implicaba trabajar, ganar el sustento, ocuparse de la salud de cada cual y velar, junto con la madre, en división de tareas, por la educación de los hijos.

Al disolverse ese régimen, se disuelve la dependencia mutua, de arriba abajo, de abajo arriba, y también horizontalmente, entre mujer y marido.

El tiempo pasado fue peor y fue destruido. Pero nada ha reemplazado esa dependencia antes impuesta. Debería haber surgido una dependencia elegida, que es la dependencia de la libertad. Y por cierto surgió, y es la dependencia sentimental. La debilidad de esta dependencia es que es meramente psicológica y no impone obligaciones.

Volviendo a la dependencia, decía Sennet que

sólo ella produce lazos sociales y, por tanto, vínculos familiares. Nos da vergüenza, explica el autor, ser dependientes. Por otra parte, queremos afecto sin dependencia, lo cual es una contradicción en sí. Un conflicto se resuelve; una contradicción, no. Hay que elegir. Si quieres afecto, si quieres una relación, quieres dependencia.

¿Qué son los hijos?

Los hijos son personas. Una persona es un ser humano que lleva en sí la finalidad de su propia existencia y, como tal, debe ser respetado.

No es medio, es fin. En la vida, hay medios y fines. Un auto puede ser un medio para trasladarse de un lugar a otro, o un medio para despertar la admiración y la envidia de los que no lo tienen. Las cosas son siempre medios. Un viaje al Himalaya, aunque fuera para visitar a un gran maestro y aprender alta sabiduría, es un medio. Es cosa. Se adquiere, se compra, se programa. Una cosa es algo cerrado. Cerrado significa que es esto que es, y nada más puede ser.

Ahora podrás entender qué es una persona: que es abierta, que no es cosa, que no es algo, que es alguien. Abierta, porque no puede ser programada ni usada como utensilio, y tampoco saber qué es del todo. La conoces en ciertos aspectos, pero lo demás es misterio.

Esta jarra que tengo al lado de la copa, fuera del tiempo que la va desgastando seguramente, en sí no cambia ni lleva dentro de sí la vocación de cambio, de ser diferente, de modificarse.

Tú eres persona, tu pareja lo es y los hijos lo serán. Cuanto más abiertos, tanto más personas. Cuanto más disponibles a cambiar, a crecer, a dejar caer cáscaras en busca de granos, tanto más personas, tanto más ricos, y con tantas más posibilidades de ser libres y felices.

Pero al nacer son indefensos. Aparecen y lloran. ¿Por qué lloran? Porque estaban dentro del vientre materno en dulzura abarcadora, ligados, unidos cuerpo dentro de cuerpo, protegidos.

Es el estado ideal. Nacer es ser arrojado afuera. El cordón umbilical se corta. Se llora. Llora la madre de emoción. Llora el padre de contento. Llora el niño de desprotección.

De esa desprotección brota, justamente, lo humano como necesidad de crecimiento en busca de la ligadura perdida. El "trauma del nacimiento" llama Otto Rank a ese dolor primero. Y, sin embargo, de ese dolor germina la persona. Ser independiente. Si es solamente negación —negación de la dependencia, individualidad—, es triste, es soledad. Si a partir de ahí arranca el motor en busca del otro, de la construcción de la vida como amor y ansiedad de protección y sosiego en regazos de seres amados, la persona es la portadora de una historia.

¿Qué debemos hacer los padres para que este

bebé que llora al nacer pueda encarar la existencia como persona, como hacedor de su propia historia hacia la dicha, la vida compartida, el amar y el ser amado?

Educarlo.

No hay otra cosa que hacer, precisamente para que no sea cosa, para que sea persona, para que esta primera independencia dolorosa del nacer se le vuelva luego independencia creativa de ser persona que juega su libertad, pero sabe cómo y a qué jugarla.

Educar es enseñarle ese juego, transmitirle las reglas, guiarlo entre escollos para prevenir caídas, o para que sepa cómo levantarse de las caídas y seguir adelante.

Ese bebé nace, se alimenta, aprende a comer, a caminar, y la caída es lo primero que conoce en su experiencia. El alimento que se le cae, la cucharita que se le cae, el osito que se le cae y él mismo, que trastabilla y cae durante su primer período de caminante. El resto de la vida —recuerda la tuya— seguirá siendo lo mismo, caer, levantarse, seguir caminando...

Nace la nena y es bella, así la vemos, un mundo de pétalos suaves cubre nuestra mirada, el interior del alma se tapiza de tersura y ternura, y la dicha es inconmensurable. Pensamos en Dios, agradecemos, nos besamos, nos abrazamos.

Pero la vida empieza después. Como en la literatura, también en la vida humana hay prosa y hay poesía. Nace el niño, y es un momento de exaltación, de poesía.

Después viene la prosa, el trabajo diario, el qué haremos con él.

¿Qué son los hijos? Seres soñados, que cuando aparecen en el mundo abren un arco iris de plenitud poética, mística.

Y después nos dan trabajo.

Hay que educarlos. Es un trabajo. Es la prosa de la vida.

Los hijos son personas. Pero hay que hacerlos, ése es el trabajo. Los hicimos en una noche de éxtasis. Nacieron. Los hicimos desde la naturaleza. Ahora hay que hacerlos, ayudarlos a crecer, marcarles rumbos para que el primer llanto que parece decir "¿por qué me han abandonado?" no se repita. Es un trabajo. Me olvidaba: es un trabajo... para toda la vida.

De la poesía de la paternidad y la maternidad ya existen opulentas bibliotecas.

Del trabajo se habla poco. De la inteligencia educativa se habla poco. De eso nos ocuparemos nosotros.

Sé persona, ábrete.

Antes y ahora

Siempre fue un trabajo, pero antes era más fácil.

Antes —y cuanto más atrás miremos en la historia, tanto más fácil era— estaban los libretos preestablecidos acerca de qué se hace con los hijos.

El manual de instrucciones lo legaban abuelos a hijos, y éstos a nietos. Se sabía qué hacer y se obraba con suma seguridad, con la tranquilidad de quien sabe que está en la verdad y no se equivoca.

Eran tiempos aquellos en que, en general, se sabía qué hacer. Los roles estaban fijamente definidos. El ajuar de la novia y su debida preparación. La caballerosidad del varón. Las reglas de cortesía. Las visitas, los paseos. El primer beso. Hasta aquí se toca, y más allá está prohibido. Los padres de la novia, los padres del novio, sus intercomunicaciones.

Marcos de contención y reglamentos de conducta firmes, inalterables. Desde el vestir hasta el hablar, desde el discreto cruce de piernas hasta los tés del sábado a la tarde y las misas del domingo a la mañana. En fin, todo. Entonces era más fácil.

Cuidado, queridos lectores, no dije "era mejor". Más de una desdicha se ocultaba debajo de la fachada tan armadita de las sonrisas prefabricadas. Mamá era la menor de sus hermanas —siete en total— y no debía tener novio hasta que no lo tuvieran sus hermanas mayores. Sufrió, y mucho. Pero lo aceptaba con calma, como quien acepta con resignación la fatalidad de la lluvia, del viento, del vendaval.

Podía ser triste o dramático, pero era más fácil.

Hoy es más difícil.

La rebelión contra el autoritarismo pasado nos ha dejado sin libreto, sin recetario implícito. Nos ha dejado en libertad. Y la libertad es difícil. Emmanuel Levinas, gran pensador francés de estos tiempos, tiene un libro que se llama justamente *Difícil libertad*.

Y Erich Fromm, recordarán, escribió *El miedo a la libertad*.

¿Qué es lo que da miedo?

La libertad. Porque tienes que decidir sola. Ya nadie te impone qué hacer como novia, como esposa, y tampoco como madre. Eres libre. Elige. Es difícil y da miedo.

¿Y si me equivoco?

Ésa es la pregunta de los padres actuales que más he oído. Tiemblan cuando la pronuncian.

Hoy es más difícil, sí. Pero no hay salida, ni fuga. Ya está, nació, ahí lo tienes. Y mientras estemos en el mundo, ellos serán hijos y nosotros, padres, y, en calidad de personas, deberemos elegir continuamente qué hacemos.

Antes una esposa era eso que era. Los españoles decían: "La mujer honrada, la pierna quebrada y en casa". Si es mujer, esposa, su lugar es en casa. Y si tiene ganas de salir a deambular por las calles, a pasear, a tomar el aire —sugiere el refrán—, más vale que se quiebre la pierna y se quede en casa. A cocinar, a limpiar, a cuidar a los hijos, a lavar la ropa, y el máximo de libertad que se le autorizaba era el cotorreo con las vecinas o ir al mercado.

El esposo tenía no menos demarcado el camino. De casa al trabajo, del trabajo a casa. Aunque —sé que las lectoras están esperando esta rectificación—, a decir verdad, el mundo era machista, y el varón estaba autorizado para pasar por la taberna, o irse a jugar a las bochas con los amigotes y otras liberaciones más que no entraremos a detallar.

Pero, en principio, si dejamos de lado por un momento la discriminación de la mujer en la historia, había roles firmes que cumplir.

Hoy no los hay. Ni para él, ni para ella. Ni para los padres como tales. Y tampoco los habrá, en consecuencia, para los hijos.

Eso de: "¡A mí no me levantes la voz!" que el padre lanzaba sobre la chica que a toda costa quería ir al baile de quince sin compañía, y que se rebelaba contra la castradora autoridad paterna y en voz alta, ya no se usa más. Sería ridículo. Entonces, ¿qué hacemos?

Libreto no hay, roles no hay, cada cual quiere ser él mismo y se vive bajo el miedo de perder la libertad, y con el miedo de no saber qué hacer con ella.

Entonces, ¿en qué apoyarnos? Hemos de decidir por nosotros mismos, es cierto. ¿Habrá algún parámetro, alguna brújula que nos guía en nuestras decisiones?

Los padres, en calidad de seres humanos en general, andamos desorientados.

—Si el adolescente nos grita como si lo estuvieran degollando, ¿hemos de sonreír y aceptarlo en respetuoso silencio? —consultaba una joven madre con ojos desorbitados.

Le dije:

—No corresponde frenarlo con la vieja frase "a mí no me levantes la voz", pero cabe sugerirle que en esta casa, la tuya, nadie grita de esa manera y, por lo tanto, él tampoco.

Tenemos que educarnos primero para poder educarlos después. Pensando.

Y eso es lo que más me alegra de los tiempos actuales: son difíciles, vienen sin pentagrama y nos obligan a pensar. Eso hace de la vida una aventura cotidiana.

Agresividad positiva, agresividad negativa

Por lo general el término tiene para nosotros connotaciones negativas. Pero ya lo dijo Winnicott, gran discípulo de Freud: "Originariamente la actividad es casi sinónimo de agresividad". Actuar es irrumpir en el espacio y en el tiempo donde hay otros.

La analista norteamericana Clara Thompson escribe: "La agresividad no es necesariamente destructiva. Procede de una tendencia innata a crecer y a dominar la vida, que parece característica de toda la materia viviente".

Ahora bien, existen obstáculos. Los otros son obstáculos. Para los adolescentes, los padres son obstáculos que, para colmo, dicen "no". Muchos estudiosos sostuvieron que la agresión es producto del impulso que es detenido, frustrado.

Anthony Storr, en *La agresividad humana*, explica: "Personas afectuosas y liberales han supuesto que si a los niños se les daba el suficiente amor y se les frustraba lo menos posible no mostrarían ninguna agresividad. Para sorpresa de los padres que han intentado establecer regímenes de máxima indulgencia y libertad, los niños se han trastornado emocionalmente y con frecuencia se han vuelto más agresivos que si hubieran estado sometidos a una disciplina más firme".

¿Cómo se explica que tanta bondad, tanta condescendencia lleguen a producir ese efecto negativo?

"Si los padres nunca afirman sus propios derechos como individuos sino que se someten invariablemente a los deseos del niño, este último llega a creer o bien que es omnipotente, y que cualquier capricho pasajero suyo debe ser satisfecho inmediatamente, o bien que la autoafirmación es mala..."

Neurosis de omnipotencia, que termina en frustración; o neurosis de inferioridad, que se nutre de la frustración incorporada de entrada.

"El niño se siente inseguro con padres que nunca muestran la menor agresividad. ¿Cómo puede sentirse seguro un niño de la capacidad del padre para protegerlo en un mundo potencialmente peligroso si jamás da pruebas de ser capaz de afirmarse a sí mismo o de luchar?"

Como dice el autor, aquí no se está propiciando retornar al autoritarismo rígido y cruel. Se trata de vivir la vida con racional equilibrio. La agresividad de la autoafirmación es indispensable como modelo para el niño que aprende a vivir, y vivir es autoafirmarse, o dejarse arrastrar y pisotear por la menor brisa.

La agresividad —autoafirmación, decisión, firmeza— de los padres es la que da ocasión de juego, de aprendizaje a la agresividad opositora del niño, del joven.

"Si no tiene nada enfrente, la agresividad del niño tenderá a volverse hacia el interior..."

Y entonces produce autoodio, autodestrucción. El fuerte no necesita ser más fuerte dominando a otros, golpeando, agrediendo con armas. Ésa es cosa de débiles, de los que se sienten inferiores. El que crece en un ámbito de amor y de límites, de cooperación y confrontación a la vez, crece fuerte y con confianza.

Entre el placer y el deber

El yo está ahí con las riendas en las manos procurando compaginar y conciliar todas las tendencias, los rumbos.

Y no es fácil. Si fuera fácil, no tendríamos problemas. Seríamos de una sola pieza, y tampoco tendríamos problemas con la pareja y con nuestros hijos.

Cada uno sería cristalino en cuanto transparente, unidimensional.

Hay problemas porque somos problema.

Estamos hechos de mundos compaginados, a veces antagónicos, a veces superpuestos, a veces separados y desconectados.

El gran descubrimiento de Sigmund Freud consistió en haber vislumbrado que aquello que denominamos Yo, y que parece ser tan firme, tan fuerte, es endeble. El Yo, enseña el creador del psicoanálisis, es el conductor de la máquina, pero no siempre logra dominarla.

La máquina, que sería el Ello, es la suma de impulsos, o pulsiones en lenguaje freudiano, que quieren brotar dentro de ti y buscan satisfacción fuera de ti, en la realidad.

Ése es el principio del placer. Se llama Ello porque es un algo que está en ti, pero es ajeno a ti, una especie de fuerza neutra que busca lo suyo y lo anhela y desea a toda costa.

Satisfacción pide el Ello. Como el bebé cuando dice "quiero" y no atiende a razón alguna. No hay razones para el Ello.

La razón está en el Yo, cuyo deber es compatibilizar el principio del placer radicado en esa fuerza oscura que vibra dentro de él, y que es el Ello, con el principio de realidad.

El Ello quiere ya, ahora.

El Yo debe manejarlo, postergarlo, o, si fuera necesario, reprimirlo.

El principio de placer y el principio de realidad

El principio de placer y el principio de realidad encuentran en mí su campo, a veces de coincidencia, otras de contradicción y combate.

No hay debate, que sería diálogo de argumentos entre ambos horizontes, el placer y la realidad, que es realidad social, física, económica, toda la realidad en todas sus facetas.

El Ello es quiero. Quiero satisfacción, placer.

La realidad es puedo. Qué se puede y qué no, qué debe posponerse y qué no debe realizarse nunca.

Ahí aparece el horizonte del deber, el SuperYo, el que marca los límites.

No basta con *quiero* ni con *puedo*; soy hombre porque *debo*.

El deber es lo prototípicamente humano en todas las culturas, en todas las religiones, en todos los tiempos. Se vive entre deberes, por deberes, para deberes.

Hippie o conservador, uno se maneja por deberes. Siempre y cuando se maneje.

O te manejan. Ahí anda el Yo presionado por el Ello, por la realidad y por el SuperYo.

El placer postergado

El principio del orden por encima del principio del placer.

El placer está simbolizado en la mujer. Es por ello que el tema del pecado en la Biblia comienza por Eva. Ella es la primera que acoge en su seno a Serpiente. Ella es la que transgrede la Ley. Su esposo, Adán, la acompaña posteriormente y adhiere. Pero la rebelión contra la Ley y en nombre del placer es de Eva. A Eva le promete Serpiente que el árbol es encantador, prodigioso en sus posibilidades placenteras.

Los términos relativos al deseo prevalecen ahí en forma notoria, exuberante.

La libido se impone.

Es la guerra entre ley y placer, entre padre y madre, entre razón y amor, entre intereses de la sociedad y pasiones de los individuos.

Vieja guerra, eterna guerra, porque la llevamos dentro y nunca podrá aquietarse.

Es la guerra del individuo (Yo quiero) y la sociedad (Yo debo).

Si quiero bien, coincide con el debo, y hay paz.

Si quiero contra lo que la sociedad quiere, hay guerra.

A continuación, un brevísimo compendio sobre la problemática del ser hombre.

El Ello quiere realizar sus pulsiones, sus instintos, sus deseos.

Imaginemos el deseo sexual del niño ante su madre.

Imaginemos comerse todo el pastel que hay en la mesa.

Imaginemos golpear a su hermano en plena cara.

El SuperYo enseña que el incesto está prohibido.

El SuperYo enseña a compartir la comida.

El SuperYo enseña que el hermano debe ser querido y no golpeado.

En estos ejemplos, por mí imaginados, el Yo debe manejarse entre el deseo y el control del deseo, entre el Ello, impersonal, y el SuperYo, que también ha de ser impersonal para funcionar debidamente.

El SuperYo es la consecuencia de límites impuestos por los padres y el resto de la sociedad. Pero empieza en casa. Una buena educación no elimina al SuperYo, pero sí le da características universales, impersonales.

El deber, del cual hablamos, es impersonal. El incesto es prohibición universal. No está en la naturaleza humana, enseña Freud. Es producto de la cultura.

La cultura es, a su vez, producto —en cuanto moral, costumbres, rituales— del SuperYo.

Un buen crecimiento toma las enseñanzas de los padres como normas objetivas, impersonales, y las internaliza con el crecimiento, y luego, con el crecimiento también, si hubo buena educación, buen estímulo del pensamiento crítico y de la libertad creadora, puede enfrentarse con los límites para reemplazarlos por otros.

¡Si pudiera borrar el verbo ser!

Joseph Conrad hace decir a uno de sus personajes en *El corazón de las tinieblas*:

"Es imposible comunicar la sensación de vida de una época determinada de la propia existencia, lo que constituye su verdad, su sentido, su sutil y penetrante esencia. Es imposible. Vivimos como soñamos... solos".

Si lo supiéramos, si lo tuviéramos integrado en el ser, seríamos menos infelices porque no pretenderíamos lo imposible: irrumpir dentro del otro y comprenderlo, es decir prenderlo, atarlo a una definición, a una idea, a un "es...".

Porque no es, porque no soy. ¡Si pudiera borrar el verbo ser!

Soy mi pasado, soy mi futuro. Lo que fue y lo que no fue. Pero lo que estoy siendo no lo soy: lo hago, lo vivo, lo muevo, me ocurre, lo ocurro, y es un caos que luego tomará forma. Y necesito que pase, que deje de ser para saber qué es, es decir, qué fue, porque cuando sepa, habrá sido, será pasado y, por tanto, será lo que fue, lo que dejó de ser, y será una reconstrucción posterior, un invento, un cuadro, quizá muy fidedigno pero cuadro al fin, con un azul menos o más intenso que el que corresponde.

¿Corresponde?

Falso, vuelvo a mentirme. Comparo mi imagen de lo sido con lo sido, como si eso fuera posible, y me pregunto si mi imagen es fidedigna. No hay imagen fidedigna ni tampoco infiel. Hay imagen. Toda la imagen que puedo producir, que puedes producir. Por ello no podemos compartir nuestras imágenes de algo que hemos compartido, un momento, un tiempo, una sensación, un viaje, un cuadro, un museo, la cabeza de un chico, una puesta de sol, tus labios en mis labios, tus manos en mis manos.

Compartimos pero no compartimos.

Lo compartido es lo exterior, la descripción de los acontecimientos, si pudiera darse, en estado de neutralidad: tus manos en mis manos.

No bien dices "amor", podría yo decir "ternura", entonces dirías "gratitud", entonces corregiría y diría yo "posesión", porque te tengo, porque eres mía, entonces sonreirías y dirías irónicamente "de nadie, querido, de nadie, yo soy yo", entonces te preguntaría "por qué tus manos en mis manos", entonces me dirías "por un instante, nada más que por un instante", entonces te preguntaría qué ha significado ese instante, y dirías "amor", y yo te diría "miedo, protección, necesidad de seguridad", y tú ensombrecerías tu mirada y me dirías...

Esto es la vida, acontecimientos. Pero la vida no es los acontecimientos sino nuestro decir —que equivale al pensar, al sentir— reconstructivo de los acontecimientos. No hay acontecimientos.

Hay un pintor encerrado dentro de sus pinceles y sus pasteles, un fotógrafo encapsulado en su cámara, un escultor poseído por su cincel y su mármol, un ser que dice "soy"; que dice "tú eres", que dice "el mundo es", "la vida es", que debería aprender a decir que todo eso que es no es sino que es meramente decir y que, por tanto, volviendo al párrafo de Conrad, si dejásemos de anhelar lo imposible, la comprensión, si aprendiésemos que somos ojos, oídos, pieles, sensibilidades, genes, todos embotellados en un envase llamado, por comodidad, yo, un envase, imaginemos, de nebuloso vidrio, que no se abre, que no se destapa, que proyecta imágenes irregulares que son la única realidad, que no son imágenes de algo, sino que el algo siempre es imagen, o no es... si aprendiéramos esa superficialidad de la experiencia, viviríamos y nos amaríamos mejor.

Ser inesperado

Todo lo que esperamos no deberíamos esperarlo. Renunciar. Vivir y esperar lo inesperado. Eres inesperada, mujer. Eres inesperado, hijo. Madre, amigo, vecino, hombres. Imprevistos. Imprevisibles. En consecuencia, debemos esperarnos, pero a ciegas, sin imagen previa, borrando imágenes formadas, para dar paso a las nuevas en su autenticidad.

¿Quién eres? No te conozco. Creo conocerte, pero no te conozco. Porque conocer es dominar. Conocer es aplicar etiquetas a lo inmutable, a lo que se repetirá siempre del mismo modo, y tú no te repites, por más que te conozca y te conozca repetible, de pronto irrumpes con una novedad, y me defraudas, porque te tenía armada, cerrada, empaquetada, y vienes, abres el paquete, rompes las envolturas y te manifiestas libre, fuera de toda prisión de definiciones previas.

Todo mi afán de comprenderte, de aprehenderte, de aprenderte para saber repetirte, como se aprende todo lo que se aprende y se repite hasta el infinito, de pronto no puedo repetirte porque no te repites, y eres nueva, desconocida, y en lugar de defraudarme, si aprendiera a no aprenderte, debería admirarme, admirarte, admirar, que es mirar hacia lo otro en calidad de nuevo, es decir, en calidad de *miraculum*, que es milagro, admirable.

Amar, amar bien, es admirar. Mirar al otro, verlo en sus cambios, en sus imprevisiones, en su ser que está siendo, que no es, jamás es, que deja de ser y empieza a ser. Aventura admirable y amable.

Lo demás es cáscara, repetición, rutina. No vives, eres escombro de ser, petrificación de algo que fue vida y ahora es imagen de museo, de álbum, de memoria.

Recordarte es repetirte.

No debería recordarte, debería vivirte, ahora, tal cual, con tus irrupciones novedosas y creativas.

Admirarte. Para que me admires, por cierto.

Del arte de ser padres

Felices nuestros padres, que sabían qué hacer en cada momento, en toda ocasión, ante cualquier problema. Sabían hacerte fomentos cuando tenías catarro; sabían ponerte un abrigo cuando mamá tenía frío.

Nunca te preguntaban: "¿A vos qué te parece? Yo creo que deberías ir a la escuela, porque te vas a quedar libre, pero no sé, me gustaría escuchar tu opinión...".

No preguntaban porque estaban seguros del bien y del mal.

Nosotros no estamos seguros de nada y tenemos pánico a equivocarnos. Entonces preguntamos, divagamos y no nos jugamos. Y esto sí que es equivocarse. Ni el autoritarismo de antes, ni la vacilación de ahora.

Eres padre, eres madre y tienes el deber de marcarles pautas de vida a tus hijos.

Para eso estás.

Porque, si no es para eso, ¿para qué estás?

Ser padres es una decisión personal. Otrora fue una costumbre. Había que serlo, como había que sentarse bien en la mesa, limpiarse delicadamente la comisura de los labios con la servilleta y tener las manos sobre la mesa o debajo de la mesa, ya no me acuerdo.

Hoy es una decisión personal. Una decisión de humanismo, de historia, de sentido, pero en la medida en que yo, tú, nosotros, queridos padres, queridos hijos, la construimos, y volvemos mañana a revisarla y a reconstruirla o a remodelarla. Y así todos los días.

Ahora ya no hay un rey, un centro, un dios en la vida, la real vida de la gente, de la real gente. A Dios se lo va a visitar a los templos, algunos días al año. En el vivir cotidiano rendimos culto a la máquina, al sistema bancario, a lo que se compra y a lo que se vende, a la competencia, que no es precisamente el amor al prójimo.

Chaplin ya lo plasmó en *Tiempos modernos*. Somos tuercas de enormes maquinarias. A diferencia de esas fábricas de Chaplin, de comienzos de siglo, el sistema es una combinación compleja de fábricas varias y nosotros ya no somos tuercas, que eran algo fijo de algo fijo para un resultado fijo. Nada es fijo. Todo es volátil, y nosotros también.

El sistema vale por sí mismo. Aquellas fábricas querían algo, y se sabía qué: producir, vender, ganar. El sistema no quiere nada que pueda ser distinguido como entidad o identidad palpable. Se quiere a sí mismo. El objetivo del sistema es el sistema, y funciona para seguir funcionando. Nadie, ni los grandes patrones de *Metrópolis*, la película dirigida por Fritz Lang, ni sus tristes obreros, saben ya para qué están. Deben estar, eso es todo.

Nosotros, padres, somos piezas de ese sistema, no podemos eludirlo. Pero somos padres, porque si bien ignoramos qué quiere el sistema que nos mueve mientras lo movemos, aún conservamos un sueño, un ferviente deseo ligado a una profunda necesidad, la de amarnos, la de cultivar hijos y amarlos, la de ser familia, unos para otros, unos de otros, unos con otros.

Eso, hoy en día, es mucho. Eso nos hace padres. Y nos hace queridos.

Tómense su tiempo. Aprendan que tiempo es amor. Tiempo es vida. Tiempo vivido, fuera del reloj y del calendario. Tiempo de encuentro con el otro y con uno mismo. Tiempo fuera del tiempo regulado por aparatos y citas preprogramadas.

Tiempo es acontecimiento. Acontecimiento es lo inesperado, y por lo tanto, es milagro.

Hay gente que espera milagros de montañas que se muevan o de cielos que se abran y den paso a un relámpago en pleno día de sol.

No nos equivoquemos, el milagro está aquí, entre nosotros. Cuando logramos evadir la prisión de ese mundo técnico y geométrico que nos vuelve e-mails, clientes, números, etiquetas, no bien logramos encontrarnos en nuestra desnudez humana, se ha producido el milagro.

Cuando dejamos de vernos con los ojos estereotipados de la rutina, brota el relámpago, en pleno día, entre nosotros, porque nos descubrimos.

Claro que para ello hay que educarse y educar.

Todos conocen el fenómeno del amor, comenta Octavio Paz, pero solamente el poeta alcanza a cristalizarlo para la eternidad en versos imborrables. Ésos son los poetas de la literatura, "las peras del olmo", al decir del eminente mexicano.

La poesía de la vida, en cambio, está dada a todos. Es la luz que Dios creó en el primer día y luego la confiscó. Porque no se regala. Hay que descubrirla, y no afuera, sino adentro, y desde ese adentro, el afuera entero se ilumina. Milagro. Tiempo fuera del tiempo. Amor.

Si te sucede, no te lo pierdas. Para que suceda hay que crecer, entre nosotros, los unos sosteniendo a los otros, los unos exigiendo a los otros, tú y tu esposo, ustedes y sus hijos, abriendo poros, inaugurando sensibilidades para aprender a esperar.

Si se preparan, si aprenden a esperar, si crecen los unos con los otros, no cabe duda: sucederá.

¡No se lo pierdan!

5. EL JUEGO DE LA FAMILIA

Una red conectiva

Vivir es convivir. Otra vida no hay. El soñado uno mismo es una abstracción, una construcción, a partir de pedazos sueltos de relaciones que diseñan mi existencia. Incluso lo más interior de mi Yo está constituido por esas relaciones, por esas otredades. Y convivir es compartir reglas, modos, maneras, costumbres, es decir, valores.

Les leo un fragmento de Willliam Faulkner:

"Uno nace y ensaya un camino, sin saber por qué, pero sigue esforzándose; lo que sucede es que nacemos junto con muchísima gente, al mismo tiempo, todos entremezclados; es como si uno quisiera mover los brazos y las piernas por medio de hilos, y esos hilos se enredasen con otros brazos y otras piernas... y es como si cuatro o cinco personas quisieran tejer una alfombra en el mismo bastidor; cada uno quiere bordar su propio dibujito".

Hay otros. Es la primera evidencia. A medida que crece el poder de abstracción, como nos enseñara Piaget, va el niño descubriendo la mayor de las abstracciones: el yo mismo.

Esta red de comunicaciones se produce gracias a los valores compartidos, elementales vasos comunicantes; gracias a esta red conectiva de mundo en común puedo comunicarme contigo madre, contigo hijo, contigo mujer.

Si no existiera la trama del lenguaje, que son las mismas palabras para todos, no podría decirte mi palabra más profunda, la más personal.

Pero al decirte lo más mío en un lenguaje que es universal, que es de todos, trivializo el contenido de mi expresión.

Dependo, por tanto, de ti. De tu lectura, de tu comprensión. Tienes que romper la malla del lenguaje universal, uniforme y superficial, y buscar en los silencios, en los trechos que brotan entre las palabras, aquello que quiero decirte pero que, al decírtelo, dejo de decirte.

Si desecho la uniformidad de los nexos comunicativos, me callo, me caigo. Si me limito a ella, me pierdo.

Crecemos sobre la base de valores compartidos. El amor, por ejemplo. Nadie inventa el amor. Uno nace y se encuentra con que "hay amor en el mundo". Luego uno se pliega a ese haber y lo hace suyo, o, mejor dicho, invierte esas sensaciones y emociones relativas a otras personas en el valor amor que no es propio, que es de todos, y de esa manera expresa lo propio a través de lo ajeno y le da realidad.

El artista va más lejos; es el que crece, como todos nosotros, dentro de la trama de los valores compartidos, pero luego da un salto hacia la expresión propia e incomparable.

Solamente padres e hijos confrontados son normales

Es normal que tu hijo se rebele contra ti. Es normal que, a veces, no coincida contigo; es normal que no te comprenda, que no lo comprendas.

Es normal, porque son seres diferentes y de diferentes edades, y comprender al otro es, a veces, una tarea imposible.

Y además, porque tú, de una u otra forma aunque declares lo contrario, le estás imponiendo tu vida, tu educación, tus maneras, tus límites.

Es lo normal. No puede ser de otra manera. Nace en tu casa, crece en tu casa, en tu sociedad, y le transmites lo que tienes, tu lenguaje, tu moral, tus modales. ¿Qué otra cosa podrías transmitirle?

Al comienzo, esa transmisión no puede ser sino de facto, sin democracia, sin parlamento: la niña tiene un año, dos años, tres años, y no está en condiciones de discutir normas y reglas. Corre todo por tu cuenta. Y luego cuando crezca será libre para revisar las normas que recibió de sus padres, para criticarlas, reemplazarlas o modificarlas.

En todo caso, la confrontación requiere un punto de vista, y un punto de vista ha de ser elaborado, pensado.

Por eso es buena la confrontación: ayuda a pensar. Y pensar ayuda a vivir.

La gente dice:

—¿Viste qué rebeldes que son los jóvenes hoy?

Yo les respondo:

—¿Rebeldes? Para ser rebelde hay que oponerse a algo, a alguien, a una idea, a un límite, a una norma, a una pauta. Los padres permisivos no crían hijos rebeldes, sino que producen hijos que directamente ignoran a sus padres y hacen lo que otros les dictan, otros mucho más autoritarios: la sociedad, la televisión, la propaganda, la moda, los otros chicos.

Cuando trato este tema, siempre me viene a la memoria una escena de la liturgia de la Pascua hebrea.

La Pascua, aunque con diferentes contenidos, es común a judíos y cristianos. La Última Cena de Jesús, tan famosa por el cuadro de Leonardo, es la cena de pascua que Jesús celebra, al modo judaico, con sus discípulos.

En esa cena, está sentada la familia en torno a la mesa y se lee un texto que habla de cuatro tipos de hijos: el bueno, el inocente, el ignorante y el malvado.

¿Quién es el malvado? El rebelde. El que se opone a las tradiciones y pregunta: "¿Qué es esto que ustedes hacen?, ¿qué sentido tiene?".

Ese hijo es verídicamente rebelde. Ve un modelo de vida, de rituales, de límites, y está en desacuerdo, y lo expresa.

El que nada ve, el que no encuentra frente a sí modelos de creencia, de vida con sentido, de prácticas compartidas, no es rebelde, no puede serlo, y más bien crecerá con un alto grado de vacío en su identidad.

Si mi hijo se opone a mí por ideas, por adherir a otra corriente de pensamiento, por haber llegado a otros conceptos por los que se hace responsable, me pone triste por la no coincidencia, pero me pone alegre, feliz, muy feliz, porque piensa.

Y si se discute

Es inevitable discutir, es inevitable hablar, y a menudo hay temas serios que son dignos de análisis conjunto. Al respecto, me gustaría decir: *No confundir la discusión del tema con el ataque a la persona.*

Generalmente nos vamos del problema a la persona: si ella está a favor de la clonación, hay que desterrarla del planeta. No se debe confundir el tema o la opinión con la persona que los sostiene. Se logra con esfuerzo, teniendo por método la reflexión.

Cuando ves que la situación se te va de las manos, hay que parar y preguntarse: "¿De qué estamos hablando?". Hay que centrarse en el tema y dejar a un lado todo lo que está fuera de sus límites.

Edward De Bono sostiene la tesis del proceso sistemático del "pensamiento lateral", que consiste en abandonar el punto de vista que uno viene sosteniendo cuando no se puede llegar a la resolución de un tema polémico. Se trata de correrse a un costado y mirar las cosas desde otro ángulo. Ensayar otro enfoque ayuda notablemente a aclarar situaciones y desentrañar conceptos.

El otro principio propuesto por el autor es la simplicidad.

Si vamos a hablar de por qué le va mal a Ernesto en el colegio y por qué agrede a sus compañeros, si sobre eso vamos a discutir, discutamos, pero reduciéndonos a ese tema, y no buscando culpables con frases como "la culpa es tuya porque siempre lo mimás", o "no, la culpa es tuya porque vos siempre te lavás las manos y te hacés el bueno".

Frases que habitualmente desembocan en "dejá de hablar, si te dedicás únicamente a chimentar con tus amigas por teléfono", y "mirá, vos mejor no abras la boca porque en lugar de volver a casa del trabajo te quedás con tus amigotes mirando postales pornográficas", y "no seas antigua, che, que hoy ya hay videos y no se usan postales, que seguramente las usaba tu viejo", y "a mi viejo más vale que no lo toques, que en paz descanse, pobre, que nos regaló este departamentito...".

Un diálogo de este tipo, lamentablemente, es común. ¿De dónde cree que lo extraje yo? No es de las obras completas de Leibniz.

Hay que objetivizar los temas y no subjetivizarlos. Si sabemos que las emociones nos arrastran, más vale reprimirlas, sacrificando justamente lo que está en juego: nuestras ansias de poder.

Más de un problema se eliminaría, más de una pareja no se separaría, más de una familia sería considerablemente feliz, si nos pusiésemos de acuerdo acerca de los siguientes puntos:

1) cuál es el tema de discusión;
2) ceñirnos única y exclusivamente a ese punto;
3) emplear las palabras y entenderlas en su significado real, y no en el que queremos.

Cuesta la comunicación, cuesta horrores, porque se ha instalado la moda de "yo digo lo que digo como lo digo", y no importa si el otro entiende o no. Ése ya no es un problema de la familia sino de la sociedad en general. Hay que hablar claro, completo, con buena sintaxis para que pueda haber buena comprensión y nada de hermetismos con términos incomprensibles.

Cuando el nene dice: yo hago lo que quiero...

Si hablásemos claro con nuestros hijos, previa conversación clara entre nosotros, los padres, implementaríamos un clima de responsabilidad compartida, puesto que nos necesitamos los unos a los otros, y cumpliendo con las normas nos ayudamos a vivir y a realizar mejor nuestras otras libertades, vocaciones, anhelos absolutamente individuales.

Eres individuo contigo mismo, y eres persona con los demás.

Estos dos ámbitos deben ser reconocidos.

—¡Yo hago lo que quiero! —me dijo una vez Amir, adolescente él.

Yo lo miré y le respondí:

—¡En ese caso también nosotros haremos lo que queremos!

Entonces tomó conciencia de que "hacer lo que quiero" no es en realidad buena fórmula para coexistir en familia.

El ser humano no se define como tal porque hace lo que quiere, sino porque hace lo que debe. El "servicio" que los padres brindan a sus hijos no lo hacen por amor y efusión flamígera de sentimiento, sino por deber.

—Por deber, hijo mío, has de cumplir ciertas funciones en esta casa. Porque los deberes son recíprocos, y todo ello endulza la vida y facilita la relación. Cuando arribes a la cumbre del Tupungato, abre la boca y grita tu grito más fabuloso al cielo y al espacio. En casa, aquí, entre nosotros, no grites...

¿Viste cómo son los chicos de hoy?

Uno dice:

—¿Viste cómo son los chicos de hoy?

Los chicos de hoy, como los de ayer y los de mañana, no son.

Alguien los hace, en algún lado se crían, de alguna atmósfera se nutren.

Y no es de ellos la atmósfera; es de los otros, de los que los procrearon y los siguen procreando de una u otra manera.

El inventor de la televisión, el fabricante de los televisores no obligan a nadie a tener el televisor encima de las cabezas de los que están sentados juntos en el almuerzo o en la cena.

Eso lo hacemos nosotros y eso hace a nuestros chicos.

Ni siquiera cuando estamos juntos estamos juntos.

En los restaurantes, en los cafés, adonde vamos solos, en pareja o con amigos, tienen miedo de que nos volvamos psicóticos si por un instante dejan de bombardearnos con ruido, con imágenes; entonces nos meten televisores, aparatos, músicas, gritos, noticieros.

El presupuesto parece ser:

a) el grupo o la pareja, donde estén, aunque conversen, se aburren;

b) debemos salvarles la vida. Que nadie escuche a nadie, así si luego dicen que lo que prima es la incomunicación, sepan a qué se debe;

c) ergo, démosles ruido, mucho ruido, imágenes, pasatiempos, para que no se sientan tan solos cuando están juntos.

Si tuviera dinero invertiría en un bar o café o restaurante donde cada uno de los clientes es obsequiado —en préstamo, claro— con un walkman, un teléfono celular y una minitelevisión para que no se aburra, y para que, al mismo tiempo, cada uno maneje con libertad su propio ruido, su propio aturdimiento.

A los chicos, como a los grandes, los hacen los otros, en particular los otros anónimos, las radios, las publicidades, los programas que se llaman de esta manera porque te programan la vida.

No luchemos contra ellos, pero intentemos guardar márgenes de liberación, de autonomía.

Para hablar más claramente: en el café, el dueño del café determina qué luz, qué aire, qué música debo yo respirar. Pero en casa, los dueños somos nosotros.

En consecuencia, nadie obliga a tener el televisor en el comedor.

Y si tus hijos te dicen que todos los hijos del barrio y del universo disfrutan comiendo con televisión, puedes decirles:

—Todos, menos nosotros...

Aquí simplemente me doy el gusto de enojarme y de gritar al universo:

—¡Quiten el televisor del comedor!

Úsenlo en la alcoba, si quieren, si se aburren.

En el comedor, no.

—¡Detengan en algún punto la marcha del embotamiento!

Comer puede o no ser un placer. ¡Estar juntos es lo único humano que nos queda!

¡Si estamos juntos, y sin televisor mediante, en una de ésas hablamos!

¡Y si en una de ésas se habla, en una de ésas nos comunicamos!

¡Y si en una de ésas nos comunicamos, en una de ésas nos sentimos mejor!

¿Qué hago? El nene no me deja hablar

Una señora le pregunta a A. S. Neill:

"Mi hijo de ocho años interrumpe constantemente mis conversaciones con mi esposo. No queremos acorralarlo y ahogar su personalidad. ¿Qué podemos hacer al respecto?".

Ante todo el autor responde:

"Es difícil contestar cuando no sé qué clase de

padres son ustedes. Lo más probable es que le hayan acordado a su hijo más licencia que libertad, y que ahora estén cosechando tempestades... Lo que digo, en general, a los padres es lo siguiente: 'No permitan que su hijo los domine, si ustedes no lo dominan a él. No dejen que los interrumpa, si ustedes no lo interrumpen a él...'. Los padres deben decir 'no' cuando el 'no' es necesario. No deben permitir que su hijo los intimide".

Los hijos intimidan a los padres, o los padres actúan como intimidados. Tienen miedo de expresarse libremente. Eso no es darles libertad ni otorgarles respeto. Es engañarlos, mentirles. Y los hijos olfatean, y aprovechan ese miedo para dominar más, y luego se hace cada vez más difícil detener al nene.

La libertad —dice A. S. Neill— debe ser válida para ambas partes. El niño debe gozar de libertad para hablar sin que lo interrumpan, y el padre debe gozar de libertad para hablar sin que lo interrumpan.

Regla de oro. Tan sólo hay que atreverse a aplicarla. Se dice fácilmente, pero no es fácil manejarse con ella en la realidad. Porque implica una ética de responsabilidad recíproca y de límites para una y otra parte.

Solamente padres con límites podrán transmitir el mensaje de los límites a sus hijos.

Los límites no tienen temas ni sectores. Toda la vida los requiere como normas de conducta y de pensamiento.

La explosión momentánea no es libertad. Decir lo que quieras, cuando quieras, donde quieras, y sobre todo como quieras, en el lenguaje que quieras, no es libertad, es explosión, repito, y puede valerte como liberación momentánea.

El tema de la responsabilidad es: ¿te sirve? ¿Le sirve a otro? ¿Es bueno para alguien?

El hombre es hombre justamente cuando hace lo que quiere dentro de los marcos de lo que debe.

Ésa es la dignidad de la persona.

Nos comunican nuestros recíprocos deberes

La mesa que compartimos representa para todos nosotros una serie de deberes, de comportamientos debidos, de relación entre los unos y los otros.

En lo individual, dentro de lo personal, cada uno ejerce su derecho a elegir.

Puedes no salir a la calle, pero si sales a la calle, es el individuo que sale investido de persona, es decir, de respeto hacia los demás, de cumplimiento de normas de tránsito, de deberes.

Una vez cumplidos esos deberes te reservas para ti mismo tus gustos, tus opiniones, puedes comer o dejar de comer, repetir un plato o desdeñarlo.

El individuo —enseñaba Francisco Romero— se guía por sus impulsos.

La persona toma los impulsos, los domina y los somete a reglas universales.

Estamos hablando, por cierto, de la ética.

Hablar —¡qué descubrimiento!— se habla con otro.

La persona es la que se comunica. Porque obra o sintoniza una onda que es ni mía ni tuya, sino *nuestra*, de la humanidad, de nuestros valores en común.

Para comunicarnos necesitamos tener algo en común. Si comes paella y yo, pollo, solamente pueden comunicarnos la mesa en común y las reglas que practicamos en ella, empezando por el lenguaje que ni es mío ni es tuyo.

Si te pones a hablar en *slang*, en lunfardo o en algún código sumamente hermético, no le dices nada a nadie. Hablas solo. Mejor dicho: no hablas, abres la boca y pronuncias sonidos.

Hablar se habla con otro, y para ello se requiere de algo común, una lengua en común, aunque en ella se practiquen ideas totalmente opuestas, diferentes y hasta hostiles.

El individuo quiere su provecho, su satisfacción.

La persona no deja de ser individuo, insisto en este punto, es individuo ya que nadie puede dejar de serlo, pero en su comportamiento frente a los demás somete su egoísmo a requerimientos más altos, comunicativos.

Por una parte la persona sacrifica una parte de su individualidad, es cierto.

Es el precio que paga por la comunicación con otros. De ese sacrificio puede derivar la felicidad.

El individuo, cuando logra su objetivo, queda satisfecho. Pero únicamente la persona puede llegar a ser feliz, a sentirse parte de algo superior a ella misma y encontrar ahí su mayor sosiego.

Necesito desvestirme

Los roles, las funciones, las actividades, las relaciones constituyen mi persona.

Son mis límites, mis cercos; entre ellos me muevo, con ellos vivo y desde ellos me contemplo.

Pero en mi casa, en el hogar, busco el fuego de la intimidad, como para poder desvestirme de ese mundo tan mío y tan ajeno a la vez.

Padres, esposas, hijos son la trama del ser íntimo.

Si hay hogar, puede uno desvestirse de sus representaciones, aunque le sean muy caras, muy importantes, para estar en desnudez con el otro y consigo mismo.

Entonces uno ya no es nada, ningún título, ni profesión, ni relación.

Es humano.

Mis hijos y mi esposa me devuelven mi humanidad en estado de pureza, y mi vida en estado de sentido. Será por eso que los quiero tanto.

Dice Francisco Romero:

"Se advierte bien que los individuos viven, tienen que vivir, por su ley misma, en perenne conflicto... Las esferas de acción de los individuos son secantes entre sí, la interferencia ocurre entre ellos necesariamente a cada paso".

En efecto, la ley del individuo, la ley del uno mismo y de "soy así y así me gusta a mí" y "ésa es mi verdad", es la ley de la guerra. Un individuo descarta a otro individuo. Si quieres toda la comida para ti, entras en rivalidad conmigo que quiero toda la comida para mí.

Viajando en el auto, a la mamá le molesta el sol. Al papá le encanta el sol. El nene requiere del sol para leer su historieta. Cada uno reacciona, en el ejemplo dado, como individuo, fiel a sus necesidades o molestias. Puede entonces generarse un conflicto. Un conflicto que sólo será superado si alguien renuncia a su impulso individual.

¿Y cómo puede resolverse un conflicto?

Apelando a principios que no responden a tus intereses ni a los míos, sino a los de la humanidad y sus valores éticos.

En este caso la ética, que es personal, es decir, supraindividual, de las personas y no de los individuos, ordena que mamá, la que más dañada puede ser si dejamos entrar el sol, sea la respetada.

La salud del campo y el otro que tiene alergia

Quiero que se entienda: no es que nos sometemos a mamá, nos sometemos a la ética que mide bienes y males, y mamá puede ser la mayor damnificada mientras nosotros podemos, sin mayor esfuerzo, sacrificar nuestros deseos de sol.

Es posible si tenemos en claro qué es válido y necesario para todos, lo que nos une y liga, el valor de lo compartido.

El mundo de la persona, el mundo de valores superiores, es el que sirve para dirimir conflictos entre mis gustos y tus preferencias.

Lo inferior se sacrifica a lo superior. Pero hay algo superior a un impulso de libertad, y es nuestra convivencia y tu educación en y para la convivencia.

Él dice:

—Viajemos al campo, el aire libre, el césped, los árboles, todo tan saludable.

Ella responde:

—A mí me produce alergia.

¿Qué hacemos? ¿Tiramos una moneda? ¿Habrá de someterse la mujer alérgica a la idea de salud que tiene su esposo?

¿Usted cómo lo resolvería?

El juego de la familia

La vida es drama. El drama, así lo significa el origen de la palabra en griego, es actuación. Actuamos, coactuamos, antiactuamos.

A veces somos, en la escena —en la casa, en la calle, en la oficina—, protagonistas, es decir, los primeros en el escenario, los que sobresalen; otras somos coprotagonistas, compañeros de otros participantes; otras, antagonistas, opositores.

A diferencia del teatro clásico, donde los sujetos son máscaras casi definitivas —definitivamente buenos, o malos, o viciosos, o simpáticos, o mentirosos, o avaros—, en la vida real, en el teatro nuestro de cada día, vamos cambiando de máscaras según el momento y la ocasión.

Son los roles que asumimos por un instante, para modificarlos luego.

Vengo a casa y me siento a comer. La sopa está fría.

—La sopa está fría.

Es mi rol de acusador, de perseguidor.

Mi esposa asume el rol de víctima:

—Lo lamento, es que... —se justifica, toda culpable ella.

Después se recompone, mientras hacemos el correspondiente ruido de la sopa fría.

—Decime una cosa, ¿y por qué viniste hoy más tarde que nunca?

—¿Qué? —me defiendo yo.

Ahora ella es perseguidora y yo, víctima.

Un juego, ¿entienden? ¡Cómo no lo van a entender si constantemente lo practicamos todos, y veinticuatro horas al día!

Aparece el nene. Ve que tenemos las caras largas y que hay tensión en el ambiente. Se sienta a comer.

—Rica sopa —dice, para salvar a su madre.

Silencio. Madre agradecida, ojitos refulgentes.

—Gracias por haberme ayudado ayer, papá, en la composición. Me fue bárbaro en el colegio.

Papá reconfortado. Todos contentos. Nene salvador.

Hemos visto, pues, la posibilidad de tres roles en el psicodrama de nuestro hogar cotidiano:

-Perseguidor.

-Víctima.

-Salvador.

Son transacciones entre nosotros. Te doy, me das, intercambiamos.

A la psicología que practica este enfoque de análisis se la llama transaccional.

Les ofrezco otro ejemplo de estas transacciones, tomado de James Jongeward, de su libro *Nacidos para triunfar*.

La madre, el padre y el nene intercambian roles teatrales:

El hijo (perseguidor): Sabés que no me gusta el color azul. ¿Por qué me compraste una camisa de color azul, mamá?

La madre (víctima): Nunca estás contento con lo que hago.

El padre (salvador de la madre, perseguidor del hijo): ¡Vamos, vamos, basta! Qué es eso de gritarle a tu madre, ¿eh? ¡Te vas a tu pieza y te dejás de molestar!

El hijo (víctima): Siempre es lo mismo. ¡Me dicen que diga lo que pienso y cuando lo hago me lo reprochan!

La madre (salvadora del hijo): Vamos, no te pongas así, no es para tanto, no vamos a matarnos por una camisa. (Lo acaricia y le da besitos en la nuca.)

El nene sonríe. Ganó la partida. La madre se dirige luego a su esposo (ahora es ella la perseguidora): No hay que ser tan severo con el chico, a veces te pasás de revoluciones, después de todo no fue nada grave...

Él la mira, atónito.

El padre (víctima): Pero, querida, yo sólo quería ayudarte y ahora resulta que el culpable soy yo.

El hijo (salvador de ambos): Mamá, papá está cansado, vuelve del trabajo, y vos estás algo nerviosa por el día que tuviste. Hagamos todos las paces y vamos a ver tele.

Los distintos papeles que cada uno representa

Dice el autor James Jongeward:

"De cuando en cuando, cada persona representa

los papeles de perseguidor, salvador o víctima. Sin embargo, cada persona tiende a enfrentarse con la vida y a jugar sus juegos más frecuentemente desde un rol favorito. El que representa no siempre está claro para el actor que puede actuar de una forma y sentir de otra. Por ejemplo, no es infrecuente el que una persona que se siente víctima esté en realidad persiguiendo a los que le rodean. A menudo el cambio de roles origina el drama.

"Cuando marido y mujer buscan consejo matrimonial, cada uno de ellos se considera una víctima que sufre la persecución de su cónyuge. Su expectativa puede ser la de que el terapeuta participe en su juego en el rol de salvador, en vez de efectuar un rescate real".

Primera moraleja: puedes acudir a otros para que te ayuden, pero en cuanto a la salvación debes salvarte tú misma, tú mismo.

Segunda moraleja: ni tú misma ni tú mismo. Entre nosotros.

Tercera moraleja: no hay que salvarse. Hay que ser con limpieza y honestidad y no jugar a hacer teatro.

La vida es teatro. Calderón de la Barca lo afirmaba, Shakespeare lo expresaba de esta manera:

> "Todo el mundo es un escenario
> y todos los hombres y mujeres sólo actores;

ellos tienen sus salidas y sus entradas;
cada hombre en su tiempo representa muchos papeles".

Pero uno es el teatro de la vida, y otro el teatro premeditado como teatro que solamente quiere ganar posiciones, superioridades, partidas miserables como la lucha ante una camisa azul.

Eso hay que aprender y enseñar. Solamente lo auténtico vale, sólo lo auténtico nos humaniza, sólo lo auténtico educa y transmite valores.

Aprenda a decir "No"

En tanto miedo a los límites y a perder la simpatía y la benevolencia de nuestros vástagos, aprendimos a decir solamente sí, y nos reprimimos con el no, como si fuera maléfico.

El *no* es parte del *sí*. Sin el *no*, el *sí* es falso, mentiroso y desvalido, además de producir efectos de invalidez psíquica.

El *sí* estimula a la acción; el *no*, al crecimiento.

Estamos hechos de complejas configuraciones. El impulso egoísta prevalece en la consecución de nuestros fines, que son, ya lo explicamos, de superioridad sobre el otro. La solidaridad se logra con el *no* que frena esos impulsos y procura desarrollar la tendencia hacia la colaboración, que es el proceso educativo central.

Explica Paul Watzlawick:

"No cabe duda de que gran parte del proceso de socialización consiste en enseñar al niño aquello que no debe ver, no debe oír, no debe pensar, sentir o decir. Sin reglas muy definidas acerca de aquello que debe permanecer como ignorado, una sociedad ordenada resultaría tan inimaginable como una sociedad que no lograra enseñar a sus miembros aquello que deben saber y comunicar".

Quizás el ejemplo más clásico y más notable en este punto sean las famosas Tablas de la Ley, que contienen los diez mandamientos.

De un lado están los mandamientos positivos, lo que se debe hacer, y del otro los negativos, lo que no hay que hacer.

Ése es el modelo de la educación humana.

¿Qué estamos dispuestos a sacrificar?

En la lógica de la vida todo puede ser, aun la inclusión del tercero, hasta ahora excluido. Entre yo pienso y tú piensas, que siempre tienes la bella virtud de no pensar como yo, no deberíamos salirnos por la vía del "ni yo pienso ni tú piensas", sino del puente que, para comunicarnos justamente, está obligado a pensar, en este caso en cómo dejar de pensar en cuanto sujetos individualistas y libres si es que queremos ligarnos, atarnos, vincularnos.

Les cuento sobre Marcos, un amigo de Costa

Rica, a quien conocí en un ciclo de conferencias que pronuncié en la Universidad Nacional de ese país, invitado por la Cátedra de Ética y Relaciones Humanas.

Marcos me invitó un día a su casa. Cenamos. Pasé un mal rato. Tres hijos tiene, y la correspondiente madre de los hijos.

Los muchachos en algún momento empezaron a discutir entre ellos. Pensé que sería un cruce de espadas pasajero, volátil. Pero no, ahí se estableció, y cada vez crecía más.

Uno dijo una palabra, el otro contestó dos, el primero añadió cuatro, el segundo aludió a dieciocho, y fueron tomos de palabras ya los que se cruzaron en el ambiente.

Yo tuve la suerte de nacer y ser y permanecer hijo único (dicen que mamá me vio, me olió, me consideró y públicamente afirmó: con uno como éste, basta) y, por tanto, asumir los problemas múltiples que ello causa, pero me liberé de la confrontación entre hermanos que suele alcanzar alturas de odio irrebatible.

Yo miraba a esos chicos y me preguntaba: "¿Por qué se odian tanto?".

Miraba a los padres, que no intervenían, que metían las cabezas en los platos, como si los sonidos en torno a la mesa fueran el último movimiento de la sinfonía coral de Beethoven.

No entendía.

No entendía cómo pueden seres humanos, del

mismo vientre, o de vientres diferentes, matarse tanto por... por el ego que le quiere ganar al otro, por tener razón, por hundir al otro en la humillación, como los gladiadores, hasta que el otro bese, absorba y chupe el polvo del piso de la derrota.

Vínculos. En latín, cadenas. Fea palabra, lo sé. Depende de quién te pone las cadenas. Depende de por quién estás dispuesto a cargar con cadenas. Por un hijo, los que los tenemos, vale la pena. Son un tormento, una cadena perpetua, como lo fuimos nosotros para nuestros padres, pero una cadena elegida no es cadena.

Esto es lo que con más urgencia hay que pensar.

6. ESTAMOS LIGADOS

El zorro y el principito hablan de los lazos

No estamos solos ni cuando estamos solos. Nace el niño y está en relación. Su madre, su padre, su hermano, los amigos, los parientes, la niñera. Siempre hay alguien, aunque no esté de cuerpo presente.

Somos todas nuestras relaciones.

¿Qué son las relaciones? Son dependencias.

¿Qué es un amigo? Alguien que es como tú. Pero no igual que tú. Diferente de ti, pero como tú en ciertos hechos o situaciones o modales o maneras o gustos que comparten. En cierto lenguaje, en ciertos temas, en ciertas actitudes que comparten.

Compartir pueden compartir solamente los que tienen algo en común, es decir, elementos que hay entre ellos y sobre los que coinciden.

Esos elementos son reglas, normas, maneras de ser, enfoques, lenguajes, estilos.

No el contenido, no es eso lo que se comparte. Lo que se comparte es la posibilidad de compartir cierto código que hay entre nosotros y que no anula las diferencias de ideas, de opiniones, de sentimientos. El código nos une, aunque lo demás sea privativo de cada uno y muy distinto del otro.

Compartimos los límites. Donde tú te limitas, donde yo me limito, donde nos abstenemos del capricho personal para acceder a algo común, como reglas de un juego.

Siempre hay reglas.

Esto fue lo que le enseñó el zorro al principito, en el libro de Antoine de Saint-Exupéry.

"El principito se encontró con el zorro y quiso jugar con él.

—No puedo jugar contigo —dijo el zorro—. No estoy domesticado.

El principito le preguntó qué era estar domesticado.

El zorro le explica qué es domesticar:

—Es una cosa demasiado olvidada —dijo el zorro—. Significa 'crear lazos'.

—¿Crear lazos?

—Sí —dijo el zorro—. Para mí no eres todavía más que un muchachito semejante a cien mil muchachitos. Y no te necesito. Y tú tampoco me necesitas. No soy para ti más que un zorro semejante a cien mil zorros. Pero si me domesticas, tendremos necesidad el uno del otro. Serás para mí único en el mundo. Seré para ti único en el mundo..."

Ésta es la lección del zorro. Conviene revisarla,

meditarla. Para que sea algo relativo a mí, tiene que ser distinto, pero enlazado conmigo, y a través de ese lazo (en el matrimonio, la sabiduría del lenguaje lo llama "enlace") cada uno se torna único para el otro, porque comparten un mundo.

Domesticarse, en lenguaje del zorro, es hacerse el uno con el otro, recíprocamente, uno por el otro. Escuchen al zorro:

"Mi vida es monótona. Cazo gallinas, los hombres me cazan. Todas las gallinas se parecen y todos los hombres se parecen. Me aburro, pues, un poco. Pero si me domesticas, mi vida se llenará de sol. Conoceré un ruido de pasos que será diferente de todos los otros. Los otros pasos me hacen esconder bajo la tierra. El tuyo me llamará fuera de la madriguera, como una música".

Ser amigos es tener algo en común, a diferencia de ser extraños. Los extraños tienen, en principio, rechazo por los extraños, porque no conocen el ruido de sus pasos, sus intenciones, sus códigos, sus reglas, sus límites.

El deseo del zorro es conocer el ruido de los pasos del amigo. "Pero el tuyo, sin embargo, me llamará fuera de la madriguera, como una música."

En música se transforma ese sonido. Sonido de amistad contra otros que pueden ser de peligro, por ser ajenos, es decir, desconocidos.

¿Y qué es lo desconocido? Lo que no creció junto a mí, lo que no está en el terreno de mi mundo, de mis reglas, que son nuestras al ser compartidas.

Claro que, sigue explicando el zorro, para domesticar, que es convivir, para conocer, es decir, hacer algo en conjunto, se necesita tiempo.

"Sólo se conocen las cosas que se domestican —dijo el zorro—. Los hombres ya no tienen tiempo de conocer nada. Compran cosas hechas a los mercaderes. Pero como no existen mercaderes de amigos, los hombres ya no tienen amigos. Si quieres un amigo, domestícame."

El principito está ansioso por tener un amigo, por domesticar, domesticarse. Le pregunta al zorro cómo se hace.

El zorro le enseña:

"Hay que ser muy paciente —respondió el zorro—. Te sentarás al principio un poco lejos de mí, así, en la hierba. Te miraré de reojo y no dirás nada. La palabra es fuente de malentendidos. Pero, cada día, podrás sentarte un poco más cerca...".

No es hablando que se hacen amigos. Es conviviendo. De lejos, y cada vez un poquito más de cerca. Mirándose. Haciéndose próximo el uno del otro para trazarse un lazo, una relación, una recíproca dependencia.

Y acá viene el momento más sorprendente entre los consejos del zorro:

"Hay que tener disciplina".

Paciencia dijo antes, ahora agrega *disciplina.* Sí, el caos no produce nada. La creatividad, en cambio, requiere de ciertos marcos, de cierta contención que son los límites, el orden.

"Hubiese sido mejor venir a la misma hora —dijo el zorro—. Si vienes, por ejemplo, a las cuatro de la tarde, comenzaré a ser feliz desde las tres... Pero si vienes a cualquier hora, nunca sabré a qué hora preparar mi corazón... Los ritos son necesarios."

Éste es el punto culminante: los ritos son necesarios. Los ritos son disciplinarios. Límites que no se imponen, responsabilidad de hacer las cosas de cierta manera, que el otro espera que yo realice. La hora, el modo, el cómo, el cuándo. Éstos son ritos. Sin ritos no hay lazos.

El principito tenía una rosa en la mano.

Ahora se da cuenta de que esa rosa, que era igual a todas las rosas, no es como todas las rosas. Porque esa rosa, en su mano, se acomodó a su mano, su mano también se había acomodado a esa rosa, y se pertenecían recíprocamente, se habían domesticado.

Luego el zorro le hace ver el párrafo más famoso de *El principito*:

"Adiós —dijo el zorro—. He aquí mi secreto. Es muy simple: no se ve bien sino con el corazón. Lo esencial es invisible a los ojos".

Y ¿qué es lo esencial?

"El tiempo que perdiste por tu rosa hace que tu rosa sea tan importante."

La lección concluye con este gran final, que ya no es tan famoso como la frase antes citada, y sin embargo es la cima de esta reflexión:

"Los hombres han olvidado esta verdad —dijo el zorro—. Pero tú no debes olvidarla. Eres responsable para siempre de lo que has domesticado. Eres responsable de tu rosa...".

Una relación es un lazo, es una dependencia. Un amor es una responsabilidad. No es ese chorro caliente de sentimiento que brota del alma. En todo caso la efusión mística y cósmica del amor está dentro del lazo. El lazo es referencia al otro, "te quiero, por tanto tu vida cuenta para mí, soy responsable".

Solo no funciona, no

El gran estudioso Norbert Elias en su libro *La civilización de los padres* considera lo siguiente:

"Las relaciones familiares son vistas todavía con frecuencia como algo dado por la naturaleza, como algo que normalmente funciona bien por sí solo".

Según este autor, consideramos que la familia es un acontecimiento natural, como una planta, como el movimiento de las nubes, algo que debe funcionar solo, con sus propias reglas. Y cuando no sucede, entonces nos asombramos y pensamos que no hemos hecho una buena combinación; alguno de nosotros es una pieza que no corresponde a este aparato y, en consecuencia, el aparato falla.

Y no es así. Nada en el hombre es natural. Todo en el ser humano es historia, trabajo, construcción.

"Esta idea —la de la familia como cosa natural—

opaca la posibilidad de caer en la cuenta de que —en las condiciones actuales de las relaciones familiares ya no autoritarias— el éxito de la relación, o su funcionamiento más o menos satisfactorio para los implicados, es un relato al que las personas entrelazadas en la familia pueden o no responder."

En el siglo XIX, un francés llamado Bonald, de estirpe muy autoritaria y con base religiosa, decía que el bebé viene al mundo y encuentra lenguaje, padre, madre, familia, Dios: ésa es la organización divina, y nada humano puede superarlo. En ese esquema predeterminado, y por tanto autoritario, nada importante debe hacer la voluntad humana, salvo someterse a las reglas como el césped se somete a la lluvia, y la lluvia se somete a producirse cuando la condensación de las nubes lo reclama.

"Natural" significa "obligatorio". "Obligatorio" significa "autoritario".

Ahora bien: lo humano, las relaciones humanas, y la familia como institución central de esas relaciones, es producto de la libertad, de la elección, y por tanto su funcionamiento también depende absolutamente de nosotros.

Termina explicando Elias:

"Cada relación familiar es, además, un proceso. Las relaciones están cambiando. El reto se plantea cada vez de nuevo. Para los hombres, la necesidad de trabajar conscientemente en sus relaciones mutuas nunca se acaba".

Lo fácil que es hacer una escultura

Trabajar, ir cincelando las relaciones, hasta llegar a la indulgencia. Tal vez la piedad sea el punto más centrado del amor, su momento más cristalino. Desarrollarlo. ¿Qué es lo que nos separa?

La imperfección del otro. Las fallas, somos fallados, imperfectos.

Se dice que cuando a Miguel Ángel le preguntaban cómo lograba esculpir sus maravillosas estatuas, él respondía:

—Es sencillo. Se toma un mármol y se le saca lo que le sobra.

Parece una broma del genio.

Y, sin embargo, es una verdad profunda. Claro que "se toma un mármol". Lo que da por sobreentendido esta anécdota es que al mármol para tomarlo hay que tenerlo, y para tenerlo hay que viajar a Carrara, como el maestro Miguel Ángel, y buscarlo, encontrarlo, hallar la piedra que tenga las vetas que uno necesita, y luego cortar el bloque, cargarlo en un vehículo tirado por dos caballos, y llevarlo, imaginemos, al Vaticano en Roma, o a Florencia.

Con todos los cuidados.

Yo, aunque fuera Miguel Ángel, no lo haría. Demasiado trabajo.

El otro yo, algo satánico, me contesta:

—Si no estás dispuesto a hacerlo, caro amigo, es que no eres Miguel Ángel, no tienes la voluntad de hacerlo, y mucho menos el talento para hacerlo. Porque el genio se reconoce por lo que hace y no por las ideas que tenga acerca del arte.

Y luego, una vez instalado el mármol en el taller, hay que trabajarlo. Claro que esculpir es sacar lo que sobra. Pero para ello es menester haber trabajado mucho a fin de saber qué sobra y qué ha de permanecer.

Esto debemos aprender y enseñar a nuestros hijos.

Destruir es factible, construir es problemático

En el siglo XX se atacó a la familia y se la fue demoliendo. Uno podía enamorarse de otro, procrear, y no amarrarse con esos lazos férreos de la familia clásica.

El razonamiento era:

—Mientras estamos, estamos y cuando no quieras estar más conmigo, me lo dices con toda franqueza, nos separamos, y quedamos amigos. Pero sin libreta de casamiento y sin toda esa bobada hipócrita de la sociedad burguesa.

—¿Y los nenes?

—Bueno, algo haremos con ellos.

La trama social se desintegraba. "Hasta que la muerte nos separe" era una fórmula ridícula, absurda. La familia era parte de la tradición, hasta el foco central, de la transmisión de la tradición. Si la tradición no tenía razón de ser, tampoco la tenía la familia.

David Cooper escribió un libro, que se volvió un clásico, sobre el tema. El autor, desde la suma izquierda, ve en la familia un engranaje fundamental de todo el sistema capitalista, de cuyas instituciones es paradigma: "El poder de la familia reside en su función social mediadora. En toda sociedad explotadora, la familia refuerza el poder real de la clase dominante, proporcionando un esquema paradigmático... en las estructuras sociales de la fábrica, el sindicato, la escuela, los hospitales...".

¿Después qué hacemos? O imaginamos con Cooper otro sistema social, anticapitalista, que partirá de otra familia paradigmática, o de no-familia. En realidad, ésta fue la teoría desarrollada por Platón en su *República*: la función de los padres, es decir pareja, es procrear. Más que eso no saben. Criar, educar, es de expertos. Los padres, obviamente, no hicieron licenciatura alguna ni doctorado para ser expertos en el tema. Entonces, sugiere Platón con toda lógica, hay que quitarles los chicos y entregarlos en manos de pedagogos diplomados, por así decir. Y que vivan en comuna con ellos.

Pero la estructura del movimiento de ideas y contraideas del hombre en la historia es siempre la misma, aunque particularmente aguda desde el siglo XIX: se sabe negar, pero cuesta luego afirmar. Destruir es factible, construir es problemático.

¿Qué viene después de la familia?, preguntan

Ulrich y Elizabeth Beck, autores del libro *El normal caos del amor.*

Y responden:

—¡La familia!

Paradójica solución. Pero seguro verán que es sumamente lógica.

El amor se hace más necesario que nunca antes y, al mismo tiempo, imposible. Lo delicioso, el poder simbólico, lo seductor y lo salvador del amor crece con su imposibilidad... Es el hombre redentor el que hace abalanzarse los unos sobre los otros.

La gran lucha —dicen los autores— es entre los dos grandes ideales de nuestro tiempo: por una parte la libertad, es decir, la individualidad a rabiar, y, por otra, el amor.

Luego viene la tesis: no hay conflictos de grupos, castas, clases, solamente hay individuos, de manera que los trabajadores y los empresarios ven su conflicto también como un conflicto entre individuos. A uno lo echan y los otros siguen haciendo su labor. Lo mismo en el amor, todo es interindividual.

Muchos se preguntarán: ¿no ha habido individualizaciones desde siempre, en la Grecia antigua, en el Renacimiento, en la corte medieval?

Respuesta: siempre hubo individualización de grupos de elite, de gente sobresaliente y muy personal. Hoy —ésa es la diferencia—, el fenómeno está democratizado. Todos somos individuos.

Hoy hay hambre de amor, el paraíso ahora es la consigna.

"Hablan del amor y de la familia como en los siglos pasados hablaron de Dios... En la confrontación individualista, la nueva religión terrenal del amor conduce a guerras de religión encarnizadas, con la última diferencia de que éstas se llevan a cabo entre las cuatro paredes del hogar o ante el juez de familia y los asesores matrimoniales... El amor es la religión después de la religión, es el fundamentalismo después de su superación..."

La trama de la existencia

La trama de las relaciones humanas es muy compleja. Según Desmond Morris (estudioso de la evolución humana, autor de *El mono desnudo*) —y lo dice en serio, y lo repito en serio—, el gran salto del cerebro animal al cerebro homínido se produce cuando los prehombres se vuelven hombres, es decir, establecen el mundo de la relación íntima, de los afectos, y el uno quiere comprender al otro. Ahí el cerebro chiquito que servía para atrapar bananas, pelarlas, y comer el interior y no la cáscara, o para montar a tal hembra, o para defenderse de hordas enemigas, ese cerebrito pega un salto y se vuelve cerebro y se vuelve pensante.

Esa trama de la existencia, la presencia de los otros en nosotros como hilos entrelazados, pone entre signos de duda la idea de sujeto y la idea de camino. "Caminante no hay camino / se hace camino al andar", dice el poeta y quiere decir que vamos hacia el futuro, pero sólo tenemos pasado.

Solamente el pasado es factible de ser codificado, armado, constituido. Es lo sido.

Pero el ser, el devenir, la marcha, se cruza con otros seres, otras marchas, otros rumbos, y entre mi voluntad y los accidentes —lo que me ocurre— se delinea un camino que quizá no sea el que yo quería, pero es el que termino queriendo, porque soy responsable y me hago responsable de lo sido, sin importar las circunstancias.

La Biblia prohibió desear a la mujer del prójimo, pero se calló acerca de la mujer de uno mismo. No dijo nada, y nada tenía que decir porque ahí la tenés, y ahí tenés el problema de ser dos en lugar de ser uno solo, y de ser más de dos, porque están los hijos.

La ética de la responsabilidad es contar contigo y contar con nuestros entrecruzamientos, de los cuales no podemos decir que somos directamente causantes, pero se hacen nuestros, de cada uno, se vuelven camino cuando uno dice "ése es mi camino, el que resultó de la unión entre mi querer, mi poder, mi deber y la trama de los demás".

Del diario de una adolescente

Anaïs Nin, notable escritora de comienzos del siglo XX, dejó un *Diario de adolescencia*. En él, cuenta un diálogo que tuvo con su madre a los dieciséis años.

La madre le relataba su propio pasado, sus amores reales, sus amores eventuales. Casada ya, fue cortejada por un príncipe a quien ella quería mucho.

Anaïs le pregunta a la madre por qué no dejó al padre y se fue con ese príncipe.

La madre le responde:

—¡Ah, no, hijita! ¿Y mis hijos?

Anaïs reflexiona a continuación en su diario: "Otra vez el deber. Todas las cosas de la tierra parecen girar alrededor de un centro. Un círculo, el centro; un punto, el deber. Giramos a su alrededor hasta el final".

Claro que, como decía Isaiah Berlin, hay conflictos entre valores.

El deber es un valor. La voluntad propia y su libertad son un valor. La vocación es un valor. Y el amor, por supuesto. Ser hombre es elegir. Sobre todo estamos puestos a prueba cuando tenemos que elegir entre valores que se contraponen.

El amor de la madre de Anaïs implicaba el sacrificio de sus hijos.

La madre de Anaïs eligió. Después de todo, el amor a los hijos también es amor.

¿Amor? Resulta que no hay amor, sino amores, en plural, en riqueza. Todas nuestras adhesiones, todos nuestros principios, todos nuestros valores.

El individualismo, en cambio, sólo reconoce la utilidad inmediata, visible, el trabajo exclusivo para sí mismo.

Lo dice con precisión el economista y sociólogo J. A. Schumpeter: "Tan pronto como los hombres y las mujeres aprenden la lección utilitaria y se niegan a aceptar la vigencia de las convenciones tradicionales que su medio social crea para ellos, tan pronto como adquieren el hábito de ponderar las ventajas y desventajas individuales inherentes a tal o cual línea de conducta eventual, tan pronto como introducen en su vida privada una especie de sistema inarticulado de cálculos de costos, no pueden dejar de tener conciencia de los pesados sacrificios personales que imponen, en las circunstancias actuales, los vínculos familiares y especialmente el de la paternidad, así como también el hecho de que, al mismo tiempo, a excepción de los casos de los campesinos y los labradores, los hijos han dejado de ser un activo económico".

Vida familiar, al estilo clásico (trajes que nos vienen de otra época y de otro modelo de vida), implica sacrificios, desventajas, pérdidas si se mide desde el ángulo de la economía. El negocio es malo económicamente, y también psicológicamente.

"Estos sacrificios no consisten solamente en las partidas que son susceptibles de ser medidas en dinero, sino que comprenden, además, una cantidad inconmensurable de pérdida de confort, de libertad, de preocupaciones y de oportunidad para disfrutar de alternativas cada vez más atrayentes y variadas, alternativas que tienen que ser comparadas con los goces de la paternidad que nuestros contemporáneos someten a un análisis crítico de un rigor siempre creciente."

En un mundo que propicia el individualismo, el crecimiento personal y particular al máximo de sus potencias, de sus logros, de sus éxitos; en un mundo donde nunca es tarde —sobre todo por la longevidad, que ahora se extiende saludablemente—, donde las oportunidades de desarrollo personal son casi infinitas, y uno se vuelve loco, entre tanta oferta, de pensar no más "podría hacer esto, podría hacer lo otro"; en un mundo así, por cierto, prevalece la idea de pareja, que es la unión de dos individuos, frente a la idea del matrimonio o de la familia, que implica hijos y una compleja red de relaciones intervinculares que cercena gran parte de esa libertad personal y la posibilidad de aprovechar las ofertas múltiples del mercado para el bien privado de cada cual.

La esperanza que deberíamos cultivar

Circunstancia, enseñaba Ortega, es nuestra segunda naturaleza.

Es lo que te rodea. *Circum*, lo que está en torno.

La vida es circo, aquella gran circunferencia que corresponde a la imagen del Coliseo romano, y tú estás a veces entre los espectadores, a veces entre los organizadores, y generalmente entre los actores, en el medio.

El circo, la *circum*-ferencia, es tu *circun*-stancia. *Stantia*, las cosas que están en torno, y que más que cosas son gente, sociedad, determinaciones y limitaciones que vienen desde afuera.

En estos tiempos más que nunca estamos tomando conciencia de la presión que el *circum* significa, la sociedad, la cultura, el Estado, ni siquiera el *circum* inmediato, sino el gran circo del mundo que se ha vuelto una gran aldea intercomunicada. Todo influye en tu vida, lo que sucede en Tailandia y el crimen del niño de diez años perpetrado sobre otro, inglés como él, de dos años, y su ulterior crisis de llanto, cuando fue interrogado y preguntó cómo estaba la mamá del niño muerto, y que lo lamentaba mucho.

Caos y confusión de valores son los reyes universales.

Es magnífica la película de Quentin Tarantino, *Tiempos violentos* (en inglés se llama *Pulp Fiction*), llena de sangre y asesinos que por un lado profesan un total desconocimiento, una fría ausencia de moral frente a la vida del prójimo, y por otra parte son fieles a la amistad, discuten temas filosóficos, gustan de guardar buenas formas sociales como pedir "por favor", decir "gracias", y otros modales de gente bien educada. Uno de los protagonistas es acribillado a balas por un necio que no sabe manejar la pistola; como ninguna lo hiere, el señor entiende que fue un milagro de Dios, y decide abandonar el crimen y dedicarse a la religión.

Ese caballero, además, mientras mata revela una profunda cultura bíblica y recita versículos de Daniel o Ezequiel.

Tiempos convulsos, revueltos, la Biblia dentro del calefón, el calefón dentro del cerebro, el cerebro dentro de la nada.

Tiempos para resguardar el hogar, único refugio del pensamiento, del sentimiento, de los valores, y de la diferencia entre el bien y el mal, lo superior y lo inferior. Tiempos de responsabilidad. Tú eres el espejo del mundo. El mundo es tu espejo. El mundo pequeño; pero el más grande es la familia.

No hay crisis de la familia

Pierre Chaunu, en su libro *El rechazo de la vida*, sostiene:

"La crisis de la familia implicaría un debilitamiento de los lazos, de las relaciones y de los campos afectivos en su seno. Nada sería más falso. No hay crisis de la familia, sino algo que es quizá más importante, más grave, crisis en la familia. Es en el seno de esta célula, que sigue siendo la más fuerte, la más dominante, que tiene lugar el drama, que estalla la tensión".

El autor sugiere que la disolución de los valores en la sociedad, de las relaciones humanas, de la expansión afectiva, hace que todo eso que uno antes encontraba en la polis, por ejemplo en la oficina, en los clubes, ahora se recluya en la familia, y la crisis consiste en la superabundancia de afectos y potencialidades que hay que manejar en ese recinto.

La crisis no es porque no hay familia sino porque lo único que hay es familia.

"La célula familia es el lugar de la intensidad de la vida y del ensimismamiento. La familia es el lugar de la percepción de la duración. La familia da la medida del decurso del tiempo a través de sus peldaños: los nacimientos, las defunciones, las penas y las alegrías del decurso del tiempo. Y es en su seno donde se realiza secretamente el misterio de la sucesión de las generaciones."

Solamente en la familia, pues, se percibe el tiempo. Pensemos que antes el tiempo, al contrario, estaba afuera de la familia, en el ámbito histórico y religioso: en las fiestas que se suceden; las estaciones; el dios Tamus; el nacimiento, la muerte y el renacimiento eran en la Biblia temas de *neesaf el amav*, de volver a su pueblo, o el *avotav,* sus padres, no estos inmediatos sino los remotos, los de los tiempos idos, los antepasados.

Ahora todo eso no está, se ha disuelto. El tiempo, por tanto, carga también sobre la familia y los sucesos internos.

La muerte ha sido expulsada de la sociedad. Es

cada vez más un acontecimiento de la vida sumamente íntima. Afuera no existe. Son cosas íntimas.

"La muerte —sigue la cita de Chaunu— ya no existe fuera de ella. La sociedad occidental se ha desprendido del peso de la muerte, cargándoselo a la familia. Le ha confiado su administración..."

Más adelante dice: "La familia no corre riesgo de anemia sino de plétora. No corre peligro de vaciarse, sino de llenarse demasiado".

El tema vale también para el control de la conducta. Antes era la sociedad entera la que educaba en valores, ahora se lo dejan a la familia, y ella chilla que si la sociedad no educa cómo puede educar ella de contramano, y no se atreve.

En lo que toca a los crímenes, la sociedad ha pasado del castigo físico, estrictamente, al castigo psicológico: apartar a los individuos de la sociedad.

"La cima de esta represión de carácter más social, en un mundo que ha sacralizado únicamente el valor de libertad, se sitúa en dos grandes privaciones, la privación de libertad en un primer tiempo y en un segundo la total privación de sociedad."

Muchos presos hoy preferirían los trabajos forzados, dice, y los consideran como un paraíso perdido. Ahí, confiesan, se divertían, se encontraban unos con otros, charlaban, se comunicaban, vivían.

Ahora el infierno es la reclusión, y su representante, dice, es la depresión.

La sociedad actual renuncia a su derecho a castigar. Así está renunciando a su derecho a existir.

Ser es ser en relación

Ser en relación vale para todos los seres. El ser humano necesita ser en relación porque, en principio, está desgajado de la naturaleza, que es la gran madre que cobija a plantas, insectos, elefantes y ballenas. Todos nacen o están en un medio. El humano nace y no está, tiene que buscarse en los otros que están ahí en relación primaria, pero sin contenido. El contenido hay que hacerlo. Todo en el mundo de la naturaleza viene hecho, por ello se llama naturaleza, de *natus*, nacido. Nace y es. El hombre nace y busca su ser, tiene que armarlo, construirlo.

Las maneras que puede tomar esa relación constitutiva del hacerse hombre es lo que estudia Erich Fromm en *Psicoanálisis de la sociedad contemporánea*.

Una forma es la sumisión a otra persona, grupo, institución, sociedad. De este modo se vuelve parte de algo o de alguien. Otra manera es elegir la relación contraria: ligarse a través del poder o lo que Alfred Adler llama la superioridad.

Ambas maneras tienen en común la naturaleza simbiótica: en ambos casos se necesita a alguien que cumpla el papel complementario. En ambos casos hay dependencia y se destruye aquello que se busca, la relación como unión.

Sólo hay una pasión favorable para ligarse al

mundo, y es el amor. Aquí hay unión con el otro, pero cada uno retiene su independencia. Es sentimiento de comunión, de coparticipación.

"Hay amor en el sentimiento humano de solidaridad con nuestros prójimos... en el acto de amor yo soy uno con todo, y sin embargo, soy yo mismo, un ser humano singular, independiente, limitado, mortal."

En la esfera del pensamiento, este tipo de relación produce el mundo de la razón.

En este sentido el amor no se restringe jamás a una sola persona.

Importante es esta afirmación contundente de Fromm que compartimos en plenitud:

"Si yo puedo amar únicamente a una persona, y a nadie más, si mi amor por una persona me hace más ajeno y distante a mi prójimo, puedo estar vinculado a esa persona de muchas maneras, pero no amo".

Amor es amar. Amar es una predisposición de sentimiento y conducta hacia el mundo, hacia los otros.

Entre los otros estás tú, seleccionada, cualificada, elegida. Pero sólo te amo porque puedo, en general, amar.

De ahí, repito con Fromm, que los amores recortados en una o varias personas, mientras hacia el resto lo que prospera es la indiferencia o el odio, no es amor; es, más vale entenderlo, posesión y dominio, y cae en algunas de las relaciones de dependencia antes descritas.

Por otra parte, hay que entender que el sentimiento implica acción, conducta, expresión. En sí y por sí no es significativo salvo para el encierro interior, el sintiente que se ama, en verdad, a sí mismo.

"El amor productivo implica siempre un síndrome de actitudes: solicitud, responsabilidad, respeto y conocimiento."

Es lo que se hace hacia el otro, y se manifiesta en esos sustantivos o semejantes que fueron detallados. Y sobre todo en la responsabilidad. Responder. El otro es un signo de pregunta, y tú debes responder a él y por él. Te haces, como dice el zorro, responsable de la flor que cultivaste.

¿Qué es respeto? Es objetividad hacia la independencia del otro. El otro no es lo que quiero que sea, es lo que es, y como tal debo respetarlo.

No acepto la idea de indulgencia, o tolerancia, de "perdonarle la vida", como sinónimo de respeto.

Respeto es verlo en su integridad, y no en sus defectos.

Todos somos síntesis de luces y sombras, defectos y superioridades. Respetar es no deformar esa imagen por otra ideal, porque entonces amo la imagen y no al otro.

Tampoco significa tolerarlo, dejarlo caer si ése es su mayor placer, o hundirse si se le da la gana.

Entre iguales, el amor es fraterno. Cuando es de madre a hijo se complica, porque el amor de la madre contiene un conflicto: el desarrollo de su niño. De inmediato, la consecuencia del desarrollo es la independencia, la prescindencia de la madre. Por ello es tan grande ese amor: su ganar consiste en perder. Tu crecimiento, hijo, implica que no necesites de mí con el tiempo.

Entiendo el amor como actitud activa, responsable del crecimiento ajeno y no solamente de la mirada objetiva que lo deja ser. Pero sí, en principio, es necesario el conocimiento de qué es, para diferenciarlo de lo que imagino que sea.

El rostro del otro

El amor, como realidad de la vida diaria y de todos, por presencia o por ausencia, es nuevo en el mundo. No tanto como el microondas o Internet, pero bastante recién nacido.

Piense usted en esas fotos de antaño, de toda la familia, el abuelo y la abuela en el centro, a los costados los hijos, y más abajo los nietos. La pirámide del tiempo. Una construcción que, a menudo, nos emociona, que no estaba constituida por la argamasa del amor, sino de la tradición y el mandato de ligarse, de tener hijos, para constituir un núcleo de producción económica y de defensa y/o ataque contra eventuales enemigos.

En el comienzo fue el miedo al hambre, a la naturaleza salvaje e imprevisible, a los enemigos de otras familias o tribus. Ello produjo uniones de gente. Los instintos funcionaron debidamente para proteger la especie, macho y hembra se acoplaban, y se producía la continuidad.

Reinaba la ley de los ancestros, y ella ordenaba las relaciones interhumanas.

El macho montaba a la mujer, como los animales, exactamente. Se separaban, se desconocían. La tribu criaba a los vástagos. Cada tribu en sus costumbres y maneras o metodologías.

Un día se alcanzó la seguridad, la tranquilidad, el sosiego, el no-miedo.

Entonces comenzó a sobrar el tiempo. Ya no había que hacer algo por algo. El sujeto humano abrió los ojos y comenzó a ver el mundo sin preguntarse para qué me sirve esto o aquello, en materia de choza, en materia de arma, en materia de comida.

Contempló y empezó a percibir qué era qué. Con los ojos, con los oídos, con los sentidos varios.

Y la vio a ella. O ella a él.

Alternativas de esta historia imaginaria pero verídica —en la esencia del planteo— serían: se vieron; se miraron; se descubrieron. Eran algo más que un órgano que penetra en otro órgano en tiempos de celo. Eran más que eso.

Los rostros se atraían, los ojos, el temblor de los labios, la ceja aquella, contraída. El resto, no sé detallarlo. Sé que ella se acostó sobre sus espaldas y que él la abordó de rostro a rostro y que hicieron el amor. Ya no copularon: hicieron el amor.

Fue el amor.

Y más lo fue cuando al separarse no terminaron de separarse y empezaron a sentir algo, el uno por el otro. Y quizá días más tarde se buscaron. Y quizá noches más tarde se acariciaron. Se necesitaban.

Eso es amor. Necesidad del otro como yo, no-yo y, sin embargo, testigo de mi existencia, referencia indispensable.

Amar es dar sentido a la existencia del otro.

El amor aparece en el exacto momento en que el hombre, libre ya de guerras y miedos, en el tiempo libre se busca, y ahí encuentra al otro, y su necesidad del otro. Los nuestros son tiempos de amor, porque los nuestros son tiempos de necesidad de sentido, tan solos estamos.

Familia es educación, educarnos a vivir juntos, a amarnos en expresión de una comunidad de acciones y responsabilidad.

Educación, porque no nacemos, nos hacemos.

Educación para el amor.

Educación para el respeto.

ÍNDICE

Esta edición de 3.000 ejemplares
se terminó de imprimir en
Kalifón S.A.,
Humboldt 66, Ramos Mejía, Bs. As.,
en el mes de diciembre de 2004.